AF313815

INSTRUCTION

ARRÊTÉE

PAR LE ROI,

CONCERNANT

LES REVUES D'INSPECTION

DE SES TROUPES

D'INFANTERIE ET DE CAVALERIE.

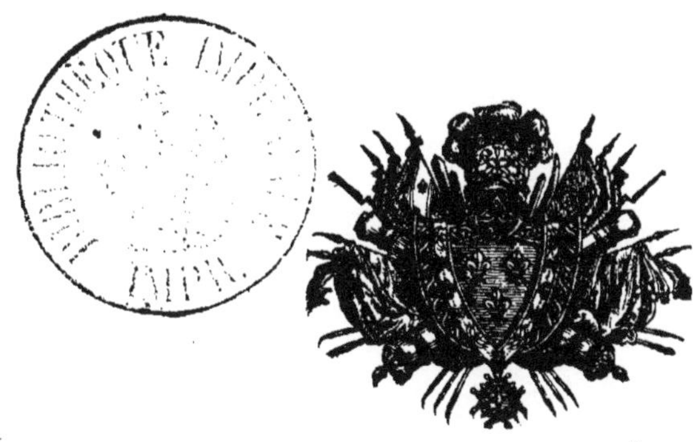

A STRASBOURG,

Chez F. G. LEVRAULT, imprimeur du ROI.

1816.

INSTRUCTION

Arrêtée par le Roi, concernant les Revues d'inspection de ses Troupes d'Infanterie et de Cavalerie.

DU 16 SEPTEMBRE 1816.

DE PAR LE ROI.

SA MAJESTÉ, voulant établir la plus parfaite uniformité dans l'instruction, la police et discipline, le service, la tenue et l'administration de ses troupes, a pensé que le meilleur moyen à employer pour parvenir à ce but, était de faire passer régulièrement, chaque année, des revues d'inspection générale par des Lieutenans généraux désignés à cet effet, et de les faire précéder par des revues préparatoires dont seront chargés des Maréchaux-de-camp adjoints auxdits Lieutenans généraux, afin de s'assurer si les ordonnances relatives à chacune des parties de l'organisation sont uniformément exécutées, d'empêcher que, sous aucun prétexte, il y soit fait le moindre changement, et de rappeler à leurs devoirs les Chefs de corps et les Conseils d'administration qui s'en seraient écartés.

Les revues d'inspection générale auront également pour objet de faire connaître les besoins des corps dans tous les genres, de prononcer sur le sort des militaires qui ne seront plus en état de servir, de proposer pour les récompenses militaires ceux qui en seront susceptibles, et de faire généralement toutes les propositions qui résulteront de l'examen du personnel ou de l'administration.

En conséquence, SA MAJESTÉ A ORDONNÉ et ORDONNE ce qui suit :

TITRE PREMIER.

Dispositions générales.

Art. 1.er Il y aura, chaque année, deux revues d'inspection générale : la première au mois d'Avril, et la seconde au mois de Septembre.

La première, qui sera considérée comme revue préparatoire, sera passée par des Maréchaux-de-camp adjoints à l'inspection générale; son objet sera :

1.º De s'assurer de l'exécution des ordres donnés à la revue définitive de l'année précédente;

2.º D'examiner les recrues et les remplaçans admis pendant l'hiver;

3.º De vérifier la situation des semestriers rentrés;

4.º De s'assurer de l'état de l'habillement, de l'équipement, du harnachement et de l'armement, après les réparations exécutées pendant l'hiver;

5.º De proposer le renvoi des hommes jugés hors d'état de servir depuis la dernière revue définitive, le passage dans une autre arme des militaires qui ne seraient pas propres au service du corps dans lequel ils se trouvent, la translation dans les bataillons coloniaux des hommes dont la présence est nuisible où qui feindraient des infirmités pour ne pas servir;

6.º De faire un examen détaillé de l'état où se trouvent les chevaux;

7.º De s'assurer de l'instruction théorique et des progrès qu'elle a faits depuis la dernière revue;

8.º Enfin, de prescrire toutes les dispositions propres à préparer les moyens d'instruction, d'ensemble et de détail, pendant la belle saison.

En même temps que les Maréchaux-de-camp adjoints à l'inspection générale s'occuperont des revues préparatoires qu'ils doivent passer, les Inspecteurs divisionnaires aux revues procéderont également à l'examen de toutes les opérations administratives et de comptabilité des corps de leurs arrondissemens, pendant l'année précédente.

Ils assembleront les Conseils d'administration, s'assureront que les Sous-inspecteurs aux revues ont arrêté régulièrement, à la fin de chaque trimestre, tous les registres de la comptabilité, tant en deniers qu'en matières, en feront établir la situation pour l'année entière, et en arrêteront définitivement tous les résultats.

Des instructions particulières seront données auxdits Inspecteurs divisionnaires, pour leur tracer la marche qu'ils auront à suivre dans leurs opérations, et pour que le résumé de leur travail présente, sur l'administration et la comptabilité des corps, tous les détails dont les Inspecteurs généraux auront besoin pour fixer leur opinion sur le personnel des Membres des Conseils d'administration et des Officiers chargés des divers détails, et pour pouvoir approuver toutes les opérations de l'administration des corps.

De cette manière, les Maréchaux-de-camp adjoints à l'inspection générale, et les Inspecteurs divisionnaires aux revues, concourront, chacun en ce qui les concerne, à préparer et à faciliter les opérations ultérieures des Inspecteurs généraux.

Les Inspecteurs généraux passeront eux-mêmes la seconde revue, qui sera la revue définitive.

Ses principaux objets seront:

1.º D'examiner le corps dans son ensemble et dans tous ses détails;

2.º De s'assurer de l'esprit qui y règne, de la manière dont la police et la discipline y sont établies, de la conduite et des moyens des Officiers et Sous-officiers;

3.º D'appliquer sur le terrain la théorie à la pratique, et de connaître, par les exercices de détail et les manœuvres d'ensemble, le degré d'instruction des Officiers, Sous-officiers et soldats;

4.º D'examiner si la tenue des Officiers et de la troupe est exacte, et si l'uniformité règne dans l'habillement, d'après le texte des ordonnances et des instructions qui y sont relatives; si les confections et réparations sont bien faites, et si les étoffes et effets sont de bonne qualité;

5.º De s'assurer de l'état des remontes, de réformer les chevaux impropres au service, et d'indiquer le nombre de ceux qui seront susceptibles de l'être l'année suivante;

6.º De prononcer sur le sort des militaires qui, depuis la revue préparatoire, ne sont plus en état de servir, ou doivent passer à une autre arme;

7.º De désigner les Officiers, Sous-officiers et soldats, qui pourront jouir du semestre, s'il en est accordé pour l'hiver;

8.º De faire congédier les Sous-officiers et soldats qui auront terminé le temps de leur service, d'après les ordonnances;

9.º De proposer des congés de grâce pour les Sous-officiers et soldats que leur position rendrait susceptibles d'en obtenir, d'après les règles qui seront établies;

10.º De vérifier la situation de la caisse et des magasins des corps;

11.º D'approuver les résultats de la comptabilité de l'année précédente, lorsqu'elle aura été définitivement arrêtée par l'Inspecteur divisionnaire aux revues;

12.º De visiter les hôpitaux, les magasins et autres établissemens de l'administration militaire;

13.º De passer la revue d'honneur, dans laquelle les Officiers nouvellement admis, et les hommes de recrue, prêteront le serment qu'ils doivent au Roi, entre les mains de l'Inspecteur aux revues et en présence de l'Inspecteur général.

Art. 2. Le Maréchal-de-camp adjoint accompagnera le Lieutenant général Inspecteur à sa revue définitive, afin de pouvoir lui donner tous les renseignemens et les notes qu'il aura recueillis lors de la revue préparatoire.

Le Lieutenant général Inspecteur sera également accompagné par l'Inspecteur divisionnaire aux revues, qui lui fournira tous les documens relatifs à l'administration et à la comptabilité des corps de sa division.

Au surplus, le Lieutenant général Inspecteur est autorisé à se faire fournir, par qui il appartiendra, tous les renseignemens dont il aura besoin. Notre Ministre Secrétaire-d'état de la guerre donnera ses ordres, à cet égard, aux Lieutenans généraux commandant les divisions, et aux Commissaires ordonnateurs de ces divisions.

(5)

Art. 3. **Les Lieutenans généraux Inspecteurs, et les Maréchaux-de-camp qui leur sont adjoints, recevront les honneurs militaires attribués à leur grade et à leurs fonctions, dans toutes les places de leur arrondissement.**

TITRE II.

Dispositions préliminaires à la Revue préparatoire.

Art. 4. **Le Maréchal-de-camp adjoint à l'inspection générale, après s'être concerté avec les Généraux sous les ordres desquels les corps sont employés, sur l'époque où il pourra passer sa revue, sans contrarier les autres dispositions du service, préviendra les Chefs de ces corps du jour de son arrivée et de celui où il devra procéder à la revue; il aura soin de leur indiquer les états et autres matériaux qu'ils devront préparer à cet effet.**

Art. 5. **Les Chefs de corps passeront une revue préliminaire, et feront ensuite établir, avec la plus grande exactitude, l'état de situation générale du corps, indiquant sommairement :**

1.º **Le complet déterminé pour l'année ;**

2.º **L'effectif ;**

3.º **Le nombre des présens ;**

4.º **Le détail des absens ;**

5.º **L'excédant ou le manque au complet.**

Dans les corps de troupes à cheval, on dressera un semblable état pour les chevaux.

Art. 6. **Les Chefs de corps remettront au Maréchal-de-camp adjoint, à son arrivée, le contrôle nominatif ou feuille d'appel de l'état-major et celui de chaque compagnie, avec la désignation des présens, celle des absens, et les motifs et dates de l'absence, afin qu'il puisse en prendre connaissance avant de voir le corps, et s'assurer de l'exactitude de l'état de situation qui lui sera présenté.**

Art. 7. **Les Chefs de corps remettront également au Maréchal-de-camp adjoint, lors de son arrivée, l'état nominatif des Officiers et Sous-officiers, par ancien-**

noté de grade : cet état indiquera leur âge, le lieu de leur naissance, leurs services et campagnes, et donnera des renseignemens précis sur leur aptitude au service, leur instruction, leur conduite et leurs principes. Les présens et les absens y seront notés ; et l'on indiquera, pour ces derniers, les motifs de leur absence.

Art. 8. Les Chefs de corps remettront aussi au Maréchal-de-camp adjoint des états, séparés pour chaque objet, des recrues, des remplaçans, des semestriers rentrés, des hommes proposés pour la réforme, pour passer dans une autre arme, en distinguant ceux qui ne sont pas propres à l'arme de ceux qui sont proposés pour des corps de punition ; enfin, des états de situation de l'habillement, de l'équipement et de l'armement.

Dans les corps de cavalerie, on ajoutera un semblable état pour le harnachement et l'état signalétique des chevaux proposés pour la réforme.

TITRE III.

Opérations diverses dont se composera la Revue préparatoire.

Art. 9. Les diverses opérations dont se composera la revue préparatoire, seront classées ainsi qu'il suit :

1.º Vérification de l'exécution des ordres donnés à la revue précédente ;

2.º Examen de l'instruction théorique et pratique des Officiers et des Sous-officiers ;

3.º Revue d'ensemble ;

4.º Revue de détail des hommes et des chevaux ;

5.º Clôture de la revue préparatoire.

TITRE IV.

Vérification de l'exécution des ordres donnés à la Revue précédente.

Art. 10. Le Maréchal-de-camp adjoint, à son arrivée, réunira le Colonel et les Officiers supérieurs du corps. Il se fera représenter les ordres qui ont été donnés à la revue précédente; il se fera rendre compte, article par article, des mesures qui ont été prises pour en assurer l'exécution en ce qui a rapport à l'instruction, à la tenue, à la police et à la discipline, et s'assurera que l'on se conforme entièrement aux dispositions du réglement sur le service intérieur. S'il remarque de la négligence de la part de quelques Officiers, il réprimandera ceux qui s'en seraient rendus coupables, et les punira suivant l'exigence; il en rendra compte au Ministre Secrétaire-d'état de la guerre, quand cela lui paraîtra nécessaire.

Les premières notions qu'il obtiendra par ce moyen sur la situation du corps, le mettront à portée de juger, lorsqu'il passera aux détails, du degré d'instruction militaire des Officiers supérieurs et autres de tous les grades.

TITRE V.

Examen de l'instruction théorique et pratique des Officiers et des Sous-officiers.

Art. 11. Le Maréchal-de-camp adjoint rassemblera les Officiers et Sous-officiers, et fera faire en sa présence la théorie pour chaque grade, sur toutes les parties des ordonnances, suivant les fonctions que chacun a été appelé à remplir. Il en questionnera lui-même plusieurs, et prendra des notes sur le degré de connaissances qu'ils ont acquis, afin de pouvoir faire usage de ces notes quand il y aura lieu. Il pourra faire former de suite, ou lors de la revue d'ensemble, selon qu'il le jugera convenable, quelques pelotons de manœuvres, pour s'assurer de l'application faite par les Officiers et Sous-officiers de la théorie à la pratique, et il fera remarquer au Commandant du corps les défauts qu'il aurait reconnus dans l'examen de ces détails, afin qu'ils soient rectifiés.

TITRE VI.

Revue d'ensemble.

Art. 12. A l'heure et au lieu que le Maréchal-de-camp adjoint aura indiqués, le corps qu'il passera en revue sera rangé en bataille, en grande tenue, avec ou sans les havre-sacs ou porte-manteaux, selon qu'il l'aura ordonné, et il prescrira au Commandant du corps de faire rompre à droite, par compagnie si c'est de l'infanterie, ou par escadron s'il s'agit de la cavalerie, et de faire ouvrir les rangs.

Art. 13. En passant les rangs, le Maréchal-de-camp adjoint examinera la tenue, le port d'armes, la taille et l'espèce de chaque homme, ensuite son armement, son habillement et son équipement dans toutes leurs parties ; il remarquera si l'uniformité règne dans l'habillement et la tenue générale du corps ; si l'on observe rigoureusement, à cet égard, les dispositions prescrites pour chaque arme ; si, dans l'habillement et l'équipement des Officiers et de la troupe, on n'a pas introduit des objets de fantaisie non autorisés par les ordonnances ; et s'il remarquait qu'on en eût agi ainsi, il donnera ordre de les faire disparaître dans les délais qu'il fixera.

Dans les troupes à cheval, il examinera avec attention la tournure, l'espèce, l'âge, la taille et le sexe des chevaux, leur harnachement, et particulièrement la manière dont ils sont embouchés. S'il reconnaissait que quelques chevaux n'eussent pas été marqués à l'empreinte du régiment, il ordonnerait qu'on les marquât de suite.

Art. 14. Quand la revue sera terminée, le Maréchal-de-camp adjoint ordonnera au Commandant du corps de faire défiler la troupe devant lui, par divisions, pelotons ou sections, ainsi qu'il le jugera à propos.

TITRE VII.

Revue de détail des Hommes et des Chevaux.

Art. 15. La revue de détail se passera au quartier.

Revue des hommes.

Art. 16. Les hommes seront sous les armes et en grande tenue.

Art. 17. Si , dans la revue d'ensemble, le Maréchal-de-camp adjoint a été dans le cas de juger qu'on s'était écarté des réglemens quant à l'uniforme et à la tenue, il y portera encore plus d'attention dans sa revue de détail ; il se fera remettre, pour chaque compagnie et pour l'État-major, un état sommaire de situation de l'habillement et du grand équipement ; il fera immédiatement disparaître de la tenue des Officiers et de celle de la troupe tout ce qui serait en contravention avec les ordonnances, et il punira, s'il y a lieu, les Chefs de corps qui auraient prescrit ou toléré ces changemens. Cette attention de sa part est d'autant plus nécessaire, surtout dans les premiers temps d'une organisation nouvelle, qu'il est des Colonels qui ne craignent pas de constituer les Officiers dans des dépenses superflues, que beaucoup d'entre eux ne peuvent pas supporter, et pour lesquelles on exerce sur leur traitement des retenues qui les mettent hors d'état de soutenir leur rang.

Art. 18. L'armement devra être un des objets les plus importans de la revue de détail ; le Maréchal-de-camp adjoint se fera remettre, pour chaque compagnie et pour l'État-major, des états sommaires de situation des effets de cette nature qui sont en service ; il les examinera avec attention, vérifiera si l'on a eu soin de faire les réparations nécessaires, et dans le cas contraire il réprimandera les Officiers qui auraient apporté de la négligence dans cette partie, et il leur prescrira de s'en occuper de suite et de lui en rendre compte.

Art. 19. Le Maréchal-de-camp adjoint se fera ensuite présenter les hommes de recrue et les remplaçans arrivés au corps depuis la dernière revue, ou depuis son organisation, si elle est récente.

Il fera diviser ces hommes en deux classes.

La première se composera des hommes engagés en conformité de l'ordonnance du 30 Décembre 1814 ;

La seconde, des remplaçans admis en vertu de l'instruction du 1.er Février 1816.

Il vérifiera l'âge, la taille, la tournure et l'espèce de chaque homme, et s'il est propre au service de l'arme, et il admettra définitivement ceux qui lui paraîtront réunir les qualités requises.

Les enrôlés volontaires qui, définitivement, ne seraient pas propres au service de l'arme qu'ils auraient choisie, mais qui pourraient servir dans une autre, seront proposés pour un corps de cette dernière arme.

Quant à ceux qui ne seraient propres à aucun service, ils seront compris dans le nombre des hommes à réformer.

Avant d'admettre définitivement les remplaçans propres au service, le Maréchal-de-camp adjoint se fera représenter, conformément aux dispositions de l'instruction du 1.er Février 1816, les autorisations de remplacement qui auront été accordées dans le corps, par le Ministre Secrétaire-d'état de la guerre, depuis la dernière revue, ou depuis l'organisation du corps, si elle est récente : il comparera ces autorisations avec le registre-matricule, afin de s'assurer s'il n'a pas été reçu de remplaçans sans autorisation.

Après cette vérification, et après avoir admis définitivement ceux qu'il jugera en état de servir, le Maréchal-de-camp adjoint fera comprendre ceux qui ne réuniront pas les qualités nécessaires, dans le nombre des hommes à réformer ; mais, au lieu de leur délivrer des congés, on ne leur expédiera qu'un certificat de réforme, et ils seront renvoyés dans le lieu de leur domicile avec une feuille de route portant indemnité.

L'état des remplaçans réformés et le certificat de réforme seront conformes aux modèles n.os 1 et 2, annexés à la présente instruction.

Le maréchal-de-camp adjoint indiquera, dans la colonne d'observations de l'état, s'il pense que l'autorité qui aura admis les remplaçans réformés à la revue, doit être rendue responsable des frais que ces remplacemens auront occasionés à l'État.

Art. 20. Il se fera représenter les Sous-officiers et

soldats rentrés de semestre, ou de congés de plus courte durée ; il examinera si, pendant leur absence, ils n'ont pas perdu l'habitude du port d'armes et de la tenue ; il se fera rendre compte, par le Colonel, du degré de leur instruction, et donnera les ordres qu'il jugera nécessaires pour qu'elle soit mise au niveau de celle des corps.

Art. 21. Le Maréchal-de-camp adjoint procédera ensuite à l'examen des hommes impropres au service, et jugés susceptibles d'être réformés pour des infirmités qui ne proviennent pas des événemens de la guerre, ou qui, bien qu'elles en tirent leur origine, ne les rendent cependant pas susceptibles d'obtenir une récompense. Après avoir reçu par écrit le rapport des Chirurgiens du corps et l'avis du Conseil d'administration sur les hommes qui lui auront été proposés pour la réforme, il les fera contre-visiter, en sa présence, par deux Officiers de santé qu'il désignera parmi ceux qui sont attachés aux hôpitaux militaires ou civils. Les Sous-officiers et soldats qui, après avoir été contre-visités, seront reconnus incapables de continuer à servir, recevront leur congé de réforme, et seront envoyés de suite dans leur domicile.

Le Maréchal-de-camp adjoint enverra l'état nominatif de ces militaires, avec les détails de leurs infirmités, au Ministre Secrétaire-d'état de la guerre. Cet état sera conforme au modèle ci-joint n.° 3.

Il consignera son opinion et sa décision par écrit, sur chacun des hommes réformés, dans la colonne de l'état qui est destinée à cette inscription.

Art. 22. Dans le nombre des infirmités qui seront présentées pour motiver la réforme, le Maréchal-de-camp adjoint fera une attention particulière à la myopie, à la surdité, au bégaiement, à l'épilepsie et à l'incontinence d'urine. Il n'aura point égard, pour ces infirmités, qui sont souvent simulées, surtout chez les hommes de nouvelle levée, aux certificats qui auraient été délivrés par les Officiers de santé, Maires et habitans des communes où les soldats avaient leur domicile : mais il fera certifier, soit par les Officiers de santé du corps, soit par ceux qu'il aura choisis pour la contre-visite, que la myopie est à un degré tel que l'homme ne peut rester aux drapeaux sans compromettre le service ; il prendra les mesures qu'il jugera convenables, pour découvrir si la surdité est réelle ou supposée ; et, à l'égard des quatre autres genres d'infirmités, il ne prononcera la réforme des hommes qui en seront atteints, que lorsque leur séjour au corps aura permis d'en acquérir la preuve, et sur le vu des certificats constatant l'existence prolongée de ces infirmités, qui leur auront été délivrés par les Officiers et plusieurs Sous-officiers et soldats de leur compagnie.

Art. 23. Le Maréchal-de-camp adjoint se fera ensuite présenter les hommes qui, pour défaut de taille, ne sont pas susceptibles de continuer leur service. Il les examinera, et s'assurera si leur âge ou leur constitution physique ne donne pas l'espérance de leur voir acquérir de la croissance : il ajournera la réforme de ceux qui seront dans ce cas ; fera toiser les autres en sa présence, et ne réformera définitivement que ceux qui auront moins d'un mètre 598 millimètres (4 pieds 11 pouces).

Les hommes ainsi réformés seront renvoyés de suite dans leur domicile, et portés sur l'état n.° 4.

Art. 24. Il se fera ensuite présenter les hommes dont la présence au corps sera considérée comme nuisible ou dangereuse, et ceux qui lui auront été désignés comme s'étant mutilés volontairement, feignant des infirmités, ou qui montrent l'intention prononcée de ne pas bien servir.

Il interrogera les premiers, pour s'assurer qu'on a employé envers eux tous les moyens convenables pour les ramener à leurs devoirs, et vérifiera par lui-même si les blessures ou infirmités des derniers paraissent provenir de leur fait ; il fera alors arrêter l'état des uns et des autres, et proposera de les envoyer à un bataillon colonial.

Cet état sera conforme au modèle n.° 5. Les hommes qu'il concernera attendront au corps la décision qui sera prise sur leur compte par le Ministre Secrétaire-d'état de la guerre.

Art. 25. Le Maréchal-de-camp adjoint recommandera, conformément aux ordonnances sur la désertion, de faire la lecture de ces ordonnances au moins une fois par mois dans chaque chambrée ; il prescrira au chef du corps de signaler exactement les déserteurs et les absens, ainsi que les hommes rentrés après l'absence ou la désertion, et de faire juger ceux qui seront susceptibles de l'être.

S'il remarque que la désertion ait été considérable, il prendra des informations sur les causes qui l'ont produite, et, en la faisant connaître au Ministre Secrétaire d'état de la guerre, il lui proposera les moyens qu'il croira les plus propres à la prévenir par la suite.

Art. 26. Il s'assurera si les militaires qui ont obtenu des congés de semestre ou limités, sont rentrés à l'expiration de leur congé, et si l'on a fait les poursuites nécessaires contre ceux qui seraient encore en retard de rejoindre.

Art. 27. Il recommandera aux Chefs de corps de veiller à ce que tout homme qui aura obtenu un congé de semestre, limité ou absolu, ne reçoive sa cartouche qu'après avoir été visité par le Chirurgien-major, et que celui-ci aura déclaré que ce militaire n'est pas attaqué de maladie vénérienne ou cutanée.

Il leur rappellera qu'il ne doit être délivré aucune espèce de congé de réforme, absolu ou de semestre, si ce n'est sur des cartouches imprimées, envoyées par le Ministre Secrétaire-d'état de la guerre, et de l'emploi desquelles on doit lui rendre compte ; qu'aucun militaire ne doit passer d'un corps dans un autre, sans un ordre du même Ministre, ni d'une compagnie dans une autre, excepté par avancement, sans l'autorisation du Maréchal-de-camp commandant le département ou l'arrondissement ; que tout militaire qui quitte le corps par congé absolu, pour se rendre dans son domicile, doit être payé, au moment de son départ, de tout ce qui lui est dû pour solde et masse de linge et chaussure ; que ceux qui quittent le corps pour passer dans un autre, doivent également être payés de ce qui leur est dû pour solde, mais que le produit de leur masse de linge et chaussure doit être envoyé directement au Conseil d'administration du corps qui les reçoit.

Art. 28. Le Maréchal-de-camp adjoint fera sentir aux Chefs du corps combien il est à désirer que les soldats, instruits du maniement des armes et du service, se livrent à des occupations utiles, dans les lieux où ils sont en garnison, afin de se procurer de l'aisance, et de tenir leur masse de linge et chaussure au complet.

Revue des chevaux et du harnachement.

Art. 29. Le Maréchal-de-camp adjoint examinera avec soin la dernière remonte, et donnera son avis sur l'espèce de chevaux dont elle se compose, sur leur tournure, leur taille, leur âge, et le plus ou moins d'aptitude au service de l'arme : il s'assurera si les Officiers ont au moins un cheval d'escadron à tout crin, et, dans le cas où ils n'en auraient pas de cette espèce, il se ferait représenter l'autorisation en vertu de laquelle ils en seraient dispensés; il s'assurera également s'ils ont le nombre de chevaux prescrit par les ordonnances, qu'il fera exécuter rigoureusement à cet égard, dans le cas où l'on s'en serait écarté.

Il vérifiera si les chevaux de troupe sont bien soignés et bien nourris, s'ils reçoivent les rations de fourrages déterminées par les réglemens, si les heures du pansage et des distributions sont régulièrement fixées, si la ferrure est bien entretenue, et si toutes les précautions sont prises pour leur conservation.

Il examinera la situation de tous les effets de harnachement et de sellerie, et s'en fera remettre un état sommaire.

Art. 30. Il examinera, avec une attention particulière, les chevaux proposés pour la réforme; il s'assurera si le mauvais état dans lequel ils se trouvent provient de causes naturelles et inévitables, telles que l'âge, les maladies ou les fatigues de la guerre, ou de la mauvaise espèce des chevaux fournis, de l'insalubrité des écuries, ou du défaut de soins ou de nourriture.

Il ne comprendra d'ailleurs dans son travail de réforme que les chevaux qu'il trouvera absolument hors de service, et il réservera tous ceux qui peuvent encore être utiles, ne fût-ce que pour l'instruction.

Art. 31. Le Maréchal-de-camp adjoint transmettra au Ministre Secrétaire-d'état de la guerre l'état des chevaux qu'il aura jugés susceptibles de la réforme, et il prescrira au Conseil d'administration de faire faire à ces chevaux, dès que le Ministre aura prononcé, une incision longitudinale à l'oreille.

Il ordonnera que la vente de ces chevaux soit faite, le plus tôt possible, dans les formes prescrites par les réglemens.

L'état des chevaux proposés pour la réforme sera conforme au modèle n.° 6.

Art. 32. Les principaux motifs de la réforme des chevaux sont la morve, le farcin invétéré, la vieillesse, la faiblesse, la pousse outrée, le roux-vieux invétéré, la cécité et la claudication habituelle.

Les chevaux morveux, reconnus absolument incurables, doivent être abattus et non réformés; leurs effets de harnachement seront brûlés.

Le Maréchal-de-camp adjoint prescrira à cet égard aux Chefs de corps de veiller avec la plus scrupuleuse attention à ce que la morve ne s'introduise point parmi les chevaux du régiment, et de ne pas attendre, pour en informer le Ministre Secrétaire-d'état de la guerre, que les progrès de cette maladie l'aient rendue sans remède.

Art. 33. Les chevaux réformés seront déduits de l'effectif de la revue, et l'état en sera remis au Sous-inspecteur aux revues chargé de surveiller l'administration et la comptabilité du corps, pour qu'il puisse noter sur les contrôles le jour de leur réforme, et les rayer définitivement, du jour de la vente; jusqu'à cette époque, ils seront nourris et pansés au corps.

Art. 34. Dans le cas où, pendant le séjour du Maréchal-de-camp adjoint près des corps, il y arriverait une remonte, il procéderait lui-même à l'examen et à la réception définitive des chevaux qui en feraient partie.

TITRE VIII.

Clôture de la Revue préparatoire.

Art. 35. Le Maréchal-de-camp adjoint terminera sa revue préparatoire par un ordre qu'il laissera au corps, sur les différentes parties du service qu'il aura été à portée d'examiner, et particulièrement sur l'instruction, la tenue, la police et la discipline intérieures. Il adressera au Ministre Secrétaire-d'état de la guerre, et avant de procéder à la revue préparatoire d'un autre corps, les états des hommes qu'il aura réformés, ou proposés pour passer dans un autre corps ou dans une autre arme, ainsi que les états des remplaçans qu'il aura définitivement admis, et de ceux qu'il aura rejetés. Il y joindra également l'état des chevaux proposés pour la réforme; il annexera à ceux de ces états qui lui sont indiqués, les pièces qui doivent y être jointes, et il fera un rapport général et détaillé sur l'ensemble de cette revue.

Il sera dressé un état particulier pour les hommes proposés pour passer dans un autre corps ou dans une autre arme. Cet état sera conforme au modèle n.° 7.

Art. 36. Lorsque le Maréchal-de-camp adjoint aura terminé les revues préparatoires de tous les corps de son inspection, il en rendra compte au Ministre Secrétaire-d'état de la guerre; et, à l'époque du 1.er Juin, il quittera son arrondissement, à moins d'ordres contraires du Ministre, pour rentrer dans le lieu de son domicile habituel.

Art. 37. Pendant l'intervalle de temps qui s'écoulera entre la revue préparatoire dont il vient d'être question et le 1.er Juin, le Maréchal-de-camp adjoint continuera à s'occuper des régimens de son arrondissement ; il se transportera fréquemment près d'eux, entrera dans tous les détails qu'il lui paraîtra utile de connaître, et fera tout ce qui est nécessaire pour être à même d'éclairer l'Inspecteur général sur l'état véritable de ces corps sous tous les points de vue de leur organisation.

TITRE IX.

Dispositions préparatoires à la Revue définitive.

Art. 38. La revue définitive devant avoir lieu au mois de Septembre, le Lieutenant général Inspecteur, à moins qu'il ne reçoive des ordres contraires du Ministre Secrétaire-d'état de la guerre, préviendra les Généraux commandant les divisions du jour de son arrivée près de chaque corps, et se concertera avec eux sur l'époque où il pourra passer sa revue, sans contrarier les autres dispositions du service.

Il en donnera également avis au Maréchal-de-camp adjoint, ainsi qu'à l'Inspecteur aux revues de la division, afin qu'ils puissent assister à ses opérations, et lui donner, chacun en ce qui le concerne, les renseignemens dont il pourra avoir besoin dans le cours de ses opérations.

Il prescrira aux Chefs et aux Conseils d'administration des corps de son inspection, de lui rendre compte, article par article, des mesures qu'ils auront prises pour l'exécution des ordres qui leur auront été donnés par le Maréchal-de-camp à sa revue préparatoire, et par l'Inspecteur aux revues, en ce qui a rapport à l'administration et à la comptabilité.

Il leur prescrira également de préparer le travail des hommes à réformer ou susceptibles de passer dans une autre arme, depuis la revue préparatoire, ainsi que celui des hommes à congédier ou à proposer pour des récompenses; enfin, de dresser l'état des hommes qui jouissent de la haute-paie pour ancienneté, l'état numérique par rang de taille des Sous-officiers et soldats du corps, et un autre état numérique des mêmes, par années de service : ces trois derniers états seront conformes aux modèles n.ᵒˢ 8, 9 et 10.

Il ordonnera aux Conseils d'administration de mettre toutes leurs écritures au courant, de manière qu'il n'ait plus que les vérifications à faire au moment de sa revue.

TITRE X.

Opérations diverses dont se composera la Revue définitive.

Art. 39. Les diverses opérations dont se composera la revue définitive, seront classées ainsi qu'il suit :

1.° Examen de la théorie des Officiers et Sous-officiers ;

2.° Revue d'ensemble, application de la théorie aux exercices de détail et aux manœuvres d'ensemble ;

3.° Revue de détail, application de la théorie aux détails intérieurs d'administration des compagnies ;

4.° Classement des Officiers, tiercement ;

5.° Visite des casernes, chambrées, prisons, salles de discipline et écuries ;

6.° Vérification de la situation de la caisse et des magasins des corps ; clôture de la comptabilité de l'année précédente ; choix des Capitaines qui devront faire partie du Conseil d'administration au 1.er Janvier suivant ;

7.° Visite des magasins, hôpitaux et autres établissemens militaires ;

8.° Revue d'honneur, clôture des deux revues de l'année.

TITRE XI.

Examen de la théorie des Officiers et Sous-officiers.

Art. 40. Le Lieutenant général Inspecteur se fera remettre par le Maréchal-de-camp adjoint les notes qu'il aura dû prendre à sa revue préparatoire, sur le degré d'instruction théorique des Officiers et Sous-officiers, sous le rapport du service intérieur, de la discipline et des manœuvres. Il se fera remettre aussi par l'Inspecteur aux revues celles que ce dernier aura recueillies sur le degré de leurs connaissances en administration et en comptabilité : il interrogera par lui-même ces Officiers et Sous-officiers sur les diverses parties des ordonnances et réglemens militaires que chacun d'eux doit connaître, pour s'assurer des progrès qu'ils ont faits depuis la revue préparatoire : il réprimandera ceux qui, ayant encore des connaissances à acquérir, n'auraient pas suffisamment travaillé, et il fera pour tous l'application de la théorie à la pratique dans le cours de ses opérations.

TITRE XII.

Revue d'ensemble.

Application de la Théorie aux manœuvres.

Art. 41. A l'heure et au lieu indiqués par le Lieutenant général Inspecteur, le corps qu'il passera en revue sera rangé en bataille, en grande tenue, avec ou sans les havre-sacs ou porte-manteaux, selon qu'il l'aura ordonné. Les ouvriers et les enfans de troupe seront placés à la gauche de la ligne.

Les chevaux malades, si c'est un corps de cavalerie, et ceux qui ne sont pas admis à manœuvrer en ligne, seront rangés en arrière du dernier escadron.

Art. 42. Il passera devant le front, de la droite à la gauche ; il ordonnera au Commandant du corps de faire rompre à droite par compagnie, si c'est un corps d'infanterie, ou par escadron pour la cavalerie, et de faire ouvrir les rangs. Après ce mouvement, les hommes et les chevaux qui étaient à la gauche et en arrière de la ligne, reprendront leur rang, soit à l'État-major, soit dans les compagnies.

Art. 43. La compagnie ou l'escadron dont le Lieutenant général Inspecteur passera la revue, sera au port d'armes pour l'infanterie, et le sabre à la main pour les troupes à cheval. Les autres compagnies seront au repos et en silence.

Art. 44. Les Officiers quitteront leur place de bataille et se rangeront à la droite de leur compagnie ou escadron ; le Chef du corps, le Major et le Capitaine de chaque compagnie suivront le Lieutenant général Inspecteur pendant toute sa revue ; les Adjudans-majors se tiendront à portée, pour faire exécuter ses ordres ; le Chirurgien-major s'y trouvera, pour donner tous les renseignemens qui pourront lui être demandés.

Art. 45. Pendant la revue, chaque Sergent-major ou Maréchal-des-logis chef fera l'appel de sa compagnie ou de son escadron, en présence du Lieutenant général Inspecteur, à qui la feuille d'appel sera remise ; chaque homme nommé répondra par le mot *présent* : ce Sous-officier passera derrière le rang, répondra pour les absens, et expliquera les motifs de leur absence.

Art. 46. Le Major apportera à la revue les contrôles du corps, pour que le Lieutenant général Inspecteur puisse y faire telle vérification qu'il jugera convenable.

Art. 47. Les autres opérations de la revue d'ensemble seront les mêmes que celles qui sont indiquées au titre VI de la présente instruction ; seulement le Lieutenant général Inspecteur entrera davantage dans le détail des manœuvres : il fera exercer devant lui la troupe au maniement des armes, et depuis l'école du soldat ou du cavalier jusqu'à celle du bataillon ou de l'esadron ; il examinera le ton de commandement de chacun, et principalement dans les exercices de détail celui des Adjudans-majors et Adjudans Sous-officiers qui sont plus spécialement chargés de l'instruction : il rectifiera le port d'armes et les différens pas, s'ils sont défectueux : enfin il s'assurera avec soin si l'instruction pratique est bien exactement la suite des connaissances acquises en théorie, et si elle n'est pas le résultat de la routine.

TITRE XIII.

Application de la théorie aux détails intérieurs des Compagnies.

Art. 48. La revue de détail se passera au quartier : le Sous-inspecteur aux revues chargé de l'inspection administrative du corps se trouvera à cette revue ; le Major y portera les contrôles.

Revue des hommes.

Art. 49. Les hommes seront sous les armes et en grande tenue, les Officiers placés comme à la revue d'ensemble.

Art. 5o. Le Lieutenant général Inspecteur fera ouvrir quelques sacs ou porte-manteaux au hasard, pour voir s'ils sont garnis du nombre d'effets prescrits par les ordonnances, si ces effets sont de qualité requise, et s'ils sont rangés dans l'ordre où ils doivent l'être : il se fera représenter aussi quelques livrets, pour s'assurer si les décomptes de la masse de linge et chaussure sont au courant et arrêtés par les Capitaines, et si la somme allouée pour la première mise du petit équipement des recrues a été exactement versée au compte de la masse de linge et chaussure de chaque homme.

Il veillera enfin à ce que, sur les livrets des enrôlés volontaires, il soit fait mention du paiement de la seconde moitié de la prime accordée par l'ordonnance du 3o Décembre 1814, et il fera faire devant lui cette annotation dans le cas où elle aurait été omise, après s'être assuré que le paiement en a été effectué.

Art. 51. Le Lieutenant général Inspecteur examinera, dans le plus grand détail, l'uniforme et la tenue. Il suivra à cet égard ce qui est indiqué à l'article 17 de la présente instruction. Quant aux états de situation de l'habillement et du grand équipement, qui devront lui être remis par chaque compagnie et pour l'État-major, cette situation sera présentée de manière à faire connaître le nombre d'effets en état de servir, et dont la durée ne sera pas expirée dans l'année; ceux qui ont besoin de réparations, les effets hors d'état de servir et qui ont besoin d'être remplacés, en distinguant ceux dont la durée est expirée, de ceux qui ne l'ont pas encore atteinte; enfin le nombre d'effets qui manque à l'effectif. Le Lieutenant général Inspecteur vérifiera les données de cet état, en passant la revue de détail. Les résultats que présenteront les situations particulières des compagnies et de l'État-major, joints à ceux des états qui lui seront fournis par le Conseil d'administration, pour les effets qui sont en magasin, le mettront à portée de vérifier si le dernier état de trimestre, dressé en exécution de la circulaire du Ministre Secrétaire-d'état de la guerre, du 24 Décembre 1814, est exact.

Art. 52. Le Lieutenant général Inspecteur suivra la même marche pour les effets d'armement, et en se reportant également à ce qui est indiqué à l'article 18 de la présente instruction.

Art. 53. Il recevra les réclamations que les Officiers, Sous-officiers et soldats pourront former, relativement à leur grade, à leur rang ou à tout autre objet; il leur indiquera, s'il le juge à propos, un jour et une heure où ils pourront se présenter chez lui pour y être entendus; il statuera sur les réclamations relatives à des objets de police, de discipline et d'administration intérieure, qui exigeront une prompte décision. Quant aux autres, il en rendra compte au Ministre Secrétaire-d'état de la guerre, en lui faisant connaître son opinion.

Art. 54. Pour tout ce qui concerne les enrôlés volontaires, les remplaçans, les semestriers, les hommes à réformer pour infirmités ou défaut de taille, et ceux à envoyer aux bataillons coloniaux, le Lieutenant général Inspecteur se conformera à ce qui est prescrit par les articles 19, 20, 21, 22, 23 et 24 de la présente instruction : il en agira de même sur les articles 25, 26, 27 et 28, en ce qui a rapport à la désertion, aux porteurs de congés limités, à la délivrance des congés de toute nature, aux travailleurs, et au passage d'un corps dans un autre.

Art. 55. Après avoir examiné les militaires indiqués dans l'article précédent, et avoir disposé les propositions convenables à leur égard, le Lieutenant général Inspecteur procédera à l'examen des hommes susceptibles d'être placés dans les compagnies de vétérans, à l'hôtel royal des Invalides, ou d'être admis à la solde de retraite.

Il désignera pour les compagnies de vétérans tout

Sous-officier et soldat que des infirmités ou blessures mettraient dans l'impossibilité de continuer à servir activement dans leur arme, et qui cependant pourraient encore faire le service sédentaire affecté aux vétérans.

Les Sous-officiers et soldats désignés pour les vétérans auront la faculté d'opter pour la simple réforme.

Pour l'année 1816, il ne sera désigné aucun Officier pour les vétérans : les années suivantes, le Ministre Secrétaire-d'état de la guerre indiquera s'il doit en être proposé, et en quel nombre pour chaque corps.

Pour la même année, le Lieutenant général Inspecteur ne pourra désigner pour l'hôtel royal des Invalides que les militaires qui auront perdu, par suite de la guerre, un membre ou la vue : les années suivantes, le Ministre Secrétaire-d'état de la guerre indiquera combien il doit en être proposé pour chaque corps, et quelles seront les conditions exigées pour y être admis.

Le Lieutenant général Inspecteur ne proposera, pour la solde de retraite, que des militaires qui justifieront de trente ans au moins d'activité de service, sans y comprendre les campagnes, ou qui, soit par l'effet de blessures graves reçues à l'armée, soit pour cause d'infirmités incurables contractées dans un service commandé, seraient reconnus incapables d'achever leurs trente ans dans les vétérans, et de pourvoir à leur subsistance par l'exercice de leur profession antérieure.

Les conditions déterminées ci-dessus sont de rigueur; le Lieutenant général Inspecteur rejettera tout ce qui n'y serait pas conforme.

Il donnera une attention particulière aux propositions pour la solde de retraite; il rappellera au Conseil d'administration que toute complaisance abusive est, dans ce cas, d'autant plus répréhensible, qu'elle tend à grever indûment le trésor royal d'une charge annuelle.

Il fera contre-visiter, en sa présence, tous les militaires désignés pour une des trois récompenses ci-dessus ; les Officiers de santé qu'il chargera de cette visite, seront étrangers au corps.

Parmi les hommes présentés pour la solde de retraite par le Conseil d'administration, et que le Lieutenant général Inspecteur jugerait n'avoir pas d'assez longs services, ni des blessures assez graves pour avoir droit à un traitement annuel, il pourra désigner, pour une indemnité une fois payée, ceux à qui il lui paraîtrait insuffisant d'accorder la réforme pure et simple ; mais les hommes que le Lieutenant général Inspecteur aura reconnus susceptibles d'être placés dans les vétérans, et qui auront préféré leur congé de réforme, ne seront proposés pour aucune récompense pécuniaire.

Les états concernant les militaires de ces quatre classes, seront conformes aux modèles N.ᵒˢ 11, 12, 13 et 14 ; ils seront accompagnés d'un mémoire de proposition pour chaque homme, conforme au modèle n.° 15.

Le Lieutenant général Inspecteur tiendra la main à ce que ce modèle soit exactement suivi dans toutes les parties, afin que le travail ne soit pas retardé par le renvoi des mémoires imparfaits.

L'état particulier des hommes proposés pour une indemnité une fois payée, ne doit pas empêcher qu'ils ne soient portés sur l'état général des hommes réformés, en y indiquant qu'ils sont proposés pour une gratification.

Les hommes reconnus susceptibles de la solde de retraite seront, ainsi que les hommes réformés avec ou sans récompense, dirigés, aussitôt que la revue sera terminée, sur le lieu de leur domicile : les premiers seront porteurs d'une copie du mémoire de proposition dressé en leur faveur, à moins qu'ils n'aient pas de moyens d'existence dans leurs familles ; dans ce cas, ils attendront au corps qu'il soit statué sur leur sort, et l'état en fera mention.

En marge des congés délivrés aux hommes réformés avec la récompense une fois payée, le Lieutenant général Inspecteur fera mettre l'avis suivant : « Le dénom-
« mé ci-contre se présentera au Maire de sa commune,
« qui demandera pour lui le paiement de sa récom-

« pense, en faisant parvenir au Ministre Secrétaire-
« d'état de la guerre la copie du présent congé, au
« pied de laquelle il aura certifié la date de la rentrée
« du militaire dans son domicile. »

Les militaires proposés pour l'hôtel royal des Invalides et les compagnies de vétérans, attendront au corps leur destination. Le Lieutenant général Inspecteur aura soin de faire faire mention, sur le congé de réforme de ceux qui l'auront préféré à la vétérance, qu'ils ont renoncé à cette nature de récompense.

Les militaires nés en pays étrangers, qui, par la nature de leurs services, auraient droit à une solde de retraite, ne pourront être proposés pour cette récompense, qu'autant qu'ils déclareront, conformément aux dispositions de l'ordonnance du 5 Juin 1816, que leur intention est de se fixer en France et de se pourvoir de lettres de naturalité.

Ne sont pas compris dans cette dernière mesure, les Officiers, Sous-officiers et soldats des régimens suisses, qui, aux termes de l'article 22 des capitulations, peuvent en jouir en France ou dans leur pays.

Art. 56. Le Lieutenant général Inspecteur rappellera aux Chefs de corps, que l'intention du Roi est que tout militaire qui quitte le service, soit par ancienneté, soit pour cause de blessures reçues à l'armée, rentre dans son pays avec une tenue décente, et qu'il doit être en conséquence pourvu d'un habillement uniforme en bon état.

Art. 57. Dans les corps de troupes à cheval, le Lieutenant général Inspecteur s'assurera si les dispositions de la lettre du Ministre, du 30 Décembre 1814, qui indique les formalités à remplir pour le choix des élèves destinés à l'école d'instruction de Saumur, ont été mises à exécution, et si ces élèves sont partis.

Aux termes de l'ordonnance du 23 Décembre 1814, chaque corps doit avoir à l'école quatre élèves, dont la moitié est prise parmi les Lieutenans ou Sous-lieutenans, et l'autre moitié parmi les Maréchaux-des-logis et Brigadiers.

Les élèves doivent avoir au moins dix-huit ans et

pas plus de trente, être d'une bonne conformation, et montrer des dispositions et du goût pour l'équitation et le service militaire.

Avant leur départ, ils doivent contracter l'engagement de revenir au corps pour exercer, pendant deux ans au moins, l'emploi d'instructeur.

Le Lieutenant général Inspecteur devra faire former une liste double, indiquant les élèves et suppléans proposés pour remplacer ceux qui sont à l'école, lorsqu'ils retourneront au corps; il examinera soigneusement, sous le rapport de l'instruction, les candidats qui lui seront proposés par le Chef du corps, et il se fera rendre compte de leur conduite, afin d'éviter que ceux qui seront désignés pour partir, soient renvoyés de l'école comme ne remplissant pas les conditions exigées.

Il annoncera en même temps que SA MAJESTÉ est disposée à accorder de l'avancement ou des gratifications aux élèves qui, après leur retour au corps, auront le mieux rempli les fonctions d'instructeur, d'après le compte qui en aura été rendu à l'époque de l'inspection générale.

L'état de désignation et les mémoires de proposition seront conformes aux modèles ci-joints, n.ºs 16 et 17.

Art. 58. Aux termes de l'article 5 de l'ordonnance du 5 Juillet 1814, le Lieutenant général Inspecteur se fera présenter, dans l'infanterie, les cinq Sous-officiers ou caporaux, et, dans les troupes à cheval, les dix Sous-officiers ou brigadiers, désignés pour recruter le corps de la gendarmerie; il s'assurera s'ils remplissent les conditions exigées, c'est-à-dire, s'ils savent lire et écrire couramment, s'ils sont d'une conduite éprouvée, et s'ils ont au moins vingt-cinq ans et 5 pieds 5 pouces.

L'état des militaires sera conforme au modèle ci-joint, n.° 18.

Art. 59. L'article 8 de l'ordonnance du 1.er Septembre 1815, sur l'organisation de la Garde royale, portant qu'après la première formation le recrutement de cette garde s'opérera sur toute l'armée, le Lieutenant général Inspecteur se fera présenter les militaires qui désireront y être admis, et s'assurera par lui-même s'ils réunissent les qualités nécessaires à cet effet.

Les conditions exigées sont, que le sujet présenté doit,

1.º N'être pas remplaçant ;

2.º S'être fait distinguer par une conduite et par des principes éprouvés ;

3.º S'offrir volontairement ;

4.º N'avoir pas moins de dix-neuf ans, ni plus de trente (cependant on pourra recevoir ceux de dix-huit ans, lorsqu'ils seront forts et robustes);

5.º Avoir au moins la taille d'un mètre 679 millimètres (5 pieds 2 pouces) pour l'infanterie, les chasseurs à cheval, les hussards et le train d'artillerie ; celle d'un mètre 706 millimètres (5 pieds 3 pouces) pour les dragons et les lanciers ; celle d'un mètre 733 millimètres (5 pieds 4 pouces) pour les cuirassiers et l'artillerie à pied et à cheval, et celle d'un mètre 788 millimètres (5 pieds 6 pouces) pour les grenadiers. On pourra en admettre de toutes ces tailles dans l'infanterie, afin d'élever autant que possible celle des grenadiers.

Les Sous-officiers, caporaux ou brigadiers, qui témoigneraient le désir de passer dans la Garde royale, seront prévenus qu'ils ne pourront y être admis que comme soldats.

L'état des militaires proposés pour la Garde royale sera conforme au modèle n.º 19 ; ils resteront au corps jusqu'au moment où le Ministre Secrétaire-d'état de la guerre donnera l'ordre de leur départ.

Tout homme qui sera admis à servir dans la Garde royale, devra contracter un nouvel enrôlement, dont la durée sera de six ans. Cet enrôlement ne sera point payé.

Art. 60. Le Lieutenant général Inspecteur se fera ensuite présenter les Officiers, Sous-officiers et soldats susceptibles d'être nommés Chevaliers de l'ordre royal de la Légion d'honneur, ou d'obtenir de l'avancement dans cet ordre : il se conformera exactement, à cet égard, aux dispositions de l'ordonnance du Roi, du 26 Mars 1816, et ne proposera que des sujets qui réunissent aux conditions exigées, une conduite éprouvée et un entier dévouement à la personne du Roi.

Il fera dresser deux états séparés, l'un pour les Officiers, et l'autre pour les Sous-officiers et soldats. Ces états, et les mémoires de proposition qui devront y être annexés, seront conformes aux modèles ci-joints, n.ºs 20, 21 et 22.

Art. 61. Le Lieutenant général Inspecteur s'assurera si, dans les corps d'infanterie, il existe plus de musiciens que les réglemens n'en accordent. Dans le cas où il en découvrirait davantage, il ferait congédier ceux qui excéderaient le complet, s'ils ne sont pas déjà inscrits comme soldats, à moins qu'ils ne préférassent contracter des enrôlemens en cette dernière qualité, et il veillerait à ce que l'on suivît, à cet égard, la marche indiquée par l'instruction sur les enrôlemens.

Cette attention de sa part est d'autant plus nécessaire, que l'entretien de la musique est une dépense onéreuse pour les Officiers, auxquels on ne peut faire subir, sous quelque prétexte que ce soit, une retenue de plus d'une journée de solde par mois pour cet objet.

Pour le même motif, dans les troupes à cheval, le Lieutenant général Inspecteur s'assurera si le Chef du corps n'a pas établi une musique, malgré les dispositions contraires des ordonnances.

Art. 62. D'après les réglemens existans, les enfans de troupe ne doivent être admis qu'à l'âge de deux ans, et il ne doit y en avoir que deux par compagnie, non compris celles de grenadiers et de voltigeurs, et deux par escadron dans les troupes à cheval. Le Lieutenant général Inspecteur s'assurera si l'on se conforme à ces dispositions, et, à cet effet, il se fera présenter l'état nominatif de ceux de ces enfans qui auront été provisoirement admis depuis l'organisation.

S'ils sont en nombre plus considérable que celui des compagnies ou escadrons ne le comporte, il se fera remettre les décisions du Ministre Secrétaire-d'état de la guerre qui auraient autorisé cet excédant, et il lui proposera les moyens de tirer parti de ceux qui sont au-dessus du complet déterminé.

Il se rappellera que, depuis le décret du   Mai 1808, aucun enfant d'Officier ne peut être reçu en cette qualité ; et s'il en avait été reçu en contravention à cette disposition, il les ferait de suite rayer de l'état, et rendrait le Conseil d'administration qui les aurait admis, responsable des frais qu'ils auraient occasionés.

L'état des enfans de troupe sera conforme au modèle n.° 23.

Art. 63. Dans le cas où les congés de semestre auraient été délivrés avant l'arrivée du Lieutenant général Inspecteur, il s'assurera si les dispositions de l'ordonnance du Roi du 21 Août 1816, et de l'instruction du Ministre Secrétaire-d'état de la guerre sur le même objet, ont été exactement observées ; et s'il en était autrement, il ferait connaître au Ministre les motifs de cette inexécution et les personnes qui y auraient contribué.

Si le travail des semestres n'a pas eu lieu avant son arrivée, il y procédera, en se conformant, à cet égard, aux dispositions de l'ordonnance et de l'instruction dont il vient d'être parlé.

Art. 64. Si, dans le nombre des demandes de congés absolus qui seront faites au Lieutenant général Inspecteur, pendant le cours de sa revue, par des Sous-officiers et soldats, il s'en trouvait qui présentassent un tel degré d'authenticité, qu'il serait évidemment prouvé que la présence de ces militaires dans leur domicile est d'une nécessité absolue pour assurer l'existence de leur femme, enfant, père, mère, frère ou sœur, et qu'ils n'ont pas les moyens de se faire remplacer, il proposerait pour eux des congés absolus.

Ne pourront être compris dans les propositions de cette nature les militaires qui se seraient enrôlés volontairement depuis la nouvelle organisation de l'armée.

L'état qui les concernera sera conforme au modèle ci-joint, n.° 24. Les militaires en faveur desquels ces propositions seront faites, attendront au corps la décision du Ministre Secrétaire-d'état de la guerre.

Revue des Chevaux et du Harnachement.

Art. 65. Le Lieutenant général Inspecteur suivra, pour cette opération, la marche indiquée aux articles de la revue préparatoire qui y ont rapport. Il réformera lui-même les chevaux d'Officiers qui lui en paraîtront susceptibles ; il se fera représenter par le Conseil d'administration les marchés passés pour les remontes ; il vérifiera s'ils ont été fidèlement exécutés ; et dans le cas où, pendant son séjour auprès du corps, il y arriverait une remonte, il procéderait lui-même à l'examen et à la réception définitive des chevaux qui en feraient partie.

Il se fera rendre compte de la capacité et du zèle des maréchaux vétérinaires, et il émettra son opinion sur leur compte, dans le résumé de sa revue.

Art. 66. Le Lieutenant général Inspecteur vérifiera la situation du harnachement, et s'assurera s'il est proportionné d'abord à l'effectif des chevaux, et ensuite au complet déterminé pour l'année : s'il y a un excédant, il le constatera. Il suffira qu'il donne sommairement son avis sur ces différens articles, dans son résumé, parce que les corps ont reçu l'ordre de transmettre directement au Ministre Secrétaire-d'état de la guerre des états détaillés à ce sujet.

Dans le corps dont le harnachement a été complété en dernier lieu, au moyen de versemens faits, soit des magasins de l'État, soit par d'autres corps, il s'assurera si les effets reçus sont de bonne qualité, si les régimens auxquels il a été accordé des fonds pour les réparations, les ont employés uniquement à cet objet, et s'ils y ont apporté toute l'économie désirable.

Il fera néanmoins dresser un état indiquant la durée que l'on peut encore attendre de chaque espèce d'effets : cet état sera conforme au modèle n.° 25.

Art. 67. Le Lieutenant général Inspecteur vérifiera si, par une envie de briller mal entendue, les Colonels des corps n'obligent pas leurs Officiers à se procurer des chevaux de la même robe, mesure qui doit en augmenter considérablement le prix, et par conséquent gêner ceux de ces Officiers auxquels leur fortune ne permet pas de faire de pareilles dépenses.

Il n'interdira pas aux Chefs de corps la faculté d'établir, du consentement des Officiers, une masse d'entretien, et de renouveler leurs chevaux d'escadron; mais il ordonnera que la retenue qui pourra être faite sur leur solde pour l'établissement de ladite masse, ne puisse excéder deux journées par mois, et que l'emploi des fonds qui en proviendront soit authentiquement prouvé en présence de chaque Officier intéressé.

TITRE XIV.

Classement des Officiers : tiercement.

Art. 68. Pour pouvoir déterminer le rang que les Officiers devront prendre entre eux, le Lieutenant général Inspecteur se fera remettre un état exact de leurs services; et comme l'ancienneté de grade seule doit être prise pour base de cette opération, il aura soin, avant de fixer ce rang, de faire connaître aux Officiers comment ils sont classés, afin d'écouter les réclamations qui pourraient lui être faites à ce sujet, et accueillir celles qui seraient fondées. Le défaut de titres ne l'empêchera pas de prononcer; mais il ajournera à la revue définitive de l'année suivante les Officiers qui ne les produiraient pas, si leurs droits ne lui sont pas évidemment prouvés.

Il s'assurera si l'on s'est conformé aux dispositions de l'article 1.er de l'ordonnance du 21 Février 1816, qui rapporte le décret du 23 Août 1811, et qui détermine le rang que les Officiers remis en activité doivent prendre, soit à leur arrivée, soit à la revue générale d'inspection.

S'il y a des emplois vacans dans les compagnies d'élite, il complétera ces compagnies, en choisissant, après avoir pris l'avis du Colonel, les Officiers et les soldats qui lui paraîtraient les plus dignes d'y être admis.

L'ancienneté de grade et de service ne sera pas le seul titre suffisant pour être admis dans ces compagnies; il sera nécessaire, pour les Officiers, d'y joindre un mérite et une bravoure généralement reconnus, et un sentiment particulier de dévouement au Roi; et pour les Sous-officiers et soldats, une instruction achevée pour le grade, une bonne conduite, et la taille propre au service dont la compagnie est chargée.

Art. 69. Dans les corps d'infanterie à trois bataillons, le tiercement s'opérera ainsi qu'il suit :

DIVISIONS.	1.er BATAILLON DE LIGNE.	2.e BATAILLON DE LIGNE.	BATAILLON DE CHASSEURS.
1.re....	1.er Capit. de gren. 7.e *idem* de fusil.	2.e Capit. de gren. 8.e *idem* de fusil.	1.er Capit. de chass. 5.e *idem.....idem.*
2.e....	1.er 9.e	2.e 10.e	2.e 6.e
3.e....	3.e 11.e	4.e 12.e	3.e 7.e
4.e....	5.e............. 1.er Capit. de voltig.	6.e .... 2.e Capit. de voltig.	4.e 8.e

Dans le corps d'infanterie à deux bataillons, qui seront tous deux de ligne, le tiercement s'opérera pour ces deux bataillons de la manière indiquée ci-dessus.

Dans ceux qui ne sont qu'à un seul bataillon, il s'opérera de la manière suivante :

DIVISIONS.	COMPAGNIES.
1.re	Capitaine de grenadiers. 4.ᵉ Capitaine de fusiliers.
2.ᵉ	. . . . 1.ᵉʳ 5.ᵉ
3.ᵉ	. . . . 2.ᵉ 6.ᵉ
4.ᵉ	. . . . 3.ᵉ Capitaine de voltigeurs.

Il suit de ce tiercement, que deux compagnies forment une division, qui devra toujours être commandée par le plus ancien Capitaine, sans en excepter les divisions dont les compagnies de grenadiers font partie. Par le même motif, si le Capitaine de voltigeurs est plus ancien de grade que le Capitaine de fusiliers de la division, le Capitaine de voltigeurs prendra le commandement de la division.

Dans les régimens de troupes à cheval, le plus ancien Capitaine commandant prendra le commandement du premier escadron; le second, le commandement du deuxième escadron, et ainsi de suite jusqu'au dernier escadron. Le premier Chef d'escadron commandera les deux premiers escadrons; le second Chef d'escadron, les troisième et quatrième escadrons; et ainsi de suite, si le régiment est à plus de quatre escadrons.

Les compagnies de fusiliers d'infanterie et les escadrons de cavalerie devant prendre le nom des Capitaines qui les commandent, chaque fois que l'ancienneté de grade d'un Capitaine nécessitera un changement dans l'ordre de bataille, la compagnie suivra son Capitaine; et il en sera de même de l'escadron de cavalerie, à l'exception de l'escadron de lanciers, dans les régimens de chasseurs.

TITRE XV.

Visite des casernes, chambrées, prisons, salles de discipline et écuries.

Art. 70. Le Lieutenant général Inspecteur fera, à des heures imprévues, la visite des établissemens indiqués dans ce titre.

Il examinera si, sous le rapport des bâtimens, les casernes sont en bon état et pourvues des objets qui doivent en dépendre, et si les fournitures du couchage sont de bonne qualité et bien entretenues.

Dans le cas où les Officiers ne seraient pas logés dans les casernes, le Lieutenant général Inspecteur s'assurera s'il n'y existe pas de logemens vacans convenables à quelques-uns d'eux, et il ordonnera de les faire occuper : il recommandera également au Conseil d'administration de ne faire acquitter aux Officiers leur indemnité de logement, qu'après s'être assuré qu'ils paient exactement leur loyer en ville, et qu'il n'y a, de la part des habitans, aucune plainte contre eux.

Si les fournitures de couchage ne sont pas de bonne qualité, le Lieutenant général Inspecteur distinguera celles qui sont faites par les entrepreneurs des lits militaires, de celles qui le sont par les habitans, pour que le Ministre Secrétaire-d'état de la guerre puisse ordonner les dispositions convenables ; et si elles sont en mauvais état, il s'assurera si la faute provient de l'entrepreneur, de l'habitant, ou du soldat.

Il examinera les cahiers tenus par les chefs de chambrées, pour vérifier si les ordinaires sont bien réglés et si le soldat est nourri comme il doit l'être ; il se fera représenter le pain de soupe et le pain de munition, ainsi que les autres denrées que l'on consomme : il s'enquerra en même temps de leur prix, afin de pouvoir juger si le tout est bon et en quantité suffisante.

Il n'autorisera, sous aucun prétexte, la distribution d'une double ration de pain à un même homme.

Art. 71. Le Lieutenant général Inspecteur s'assurera si les prisons et salles de discipline sont placées dans des endroits salubres, et, d'après l'avis du Chirurgien-major, il proposera, s'il y a lieu, les améliorations à faire à cet égard; il fera de plus ses observations sur l'entretien, ainsi que sur les alimens et le couchage, des prisonniers.

Il se fera rendre compte des motifs et de l'époque de leur détention; et si les renseignemens qui lui seront fournis lui paraissent de nature à l'abréger, il agira en conséquence, ou en rendra compte au Ministre Secrétaire-d'état de la guerre, dans le cas où il ne pourrait lui-même prononcer.

Art. 72. Dans les corps de troupes à cheval, le Lieutenant général Inspecteur verra si les écuries sont bien tenues, éclairées de nuit et munies des ustensiles nécessaires; si les harnais sont placés convenablement, si les noms et numéros des chevaux sont placés au-dessus de l'espace qu'ils occupent; si chaque homme a sa trousse ou musette garnie; si la garde est faite avec soin; si les heures du pansage sont bien réglées, et s'il se fait exactement; si l'on instruit les recrues à cet égard, ainsi que sur la manière de seller, de brider et de paqueter; s'il y a une litière suffisante, et quelle est la qualité des fourrages.

TITRE XVI.

Vérification de la situation de la caisse et des magasins du corps; clôture définitive de la comptabilité; choix des capitaines qui devront faire partie du Conseil d'administration au 1.er Janvier suivant.

Art. 73. Le Lieutenant général Inspecteur fera réunir les membres du Conseil d'administration, dans le lieu ordinaire de leurs séances, au jour et à l'heure qu'il aura indiqués à cet effet; et il s'y rendra, accompagné de l'Inspecteur aux revues divisionnaire, s'il est présent, et du Sous-inspecteur aux revues chargé de surveiller la comptabilité du régiment.

Le Major, le Trésorier, le Capitaine d'habillement et les autres Officiers chargés de détails, devront s'y trouver, pour répondre aux différentes questions qui pourraient leur être faites.

Le Conseil d'administration mettra sous les yeux du Lieutenant général Inspecteur les registres de comptabilité, avec les pièces justificatives des arrêtés trimestriels qui y auront été inscrits.

Le Sous-inspecteur aux revues et l'Inspecteur divisionnaire ayant dû consigner sur le registre des délibérations du Conseil, en même temps qu'ils en ont rendu compte au Ministre Secrétaire-d'état de la guerre, les infractions aux réglemens qu'ils ont pu remarquer ou qu'ils ont redressées, soit dans les revues sur le terrain, soit dans la tenue de la comptabilité, le Lieutenant général Inspecteur prononcera de suite sur les objets qui n'auraient pas été décidés par le Ministre avant la revue définitive, s'il croit pouvoir le faire; toutefois il en rendra compte au Ministre, et il fera porter sur le registre des délibérations les motifs qui auront donné lieu à ses décisions : l'objet de sa vérification devra toujours être l'exécution des ordonnances existantes.

Il cherchera, par tous les moyens qui sont en son pouvoir, à s'assurer s'il n'existe pas, dans le corps, des masses secrètes dites d'*économie;* si l'on n'a pas exigé des remises sur les marchés ou paiemens relatifs aux fournitures qui ont été faites ; si l'on n'a pas mis de retard à délivrer aux fabricans de draps qui ont été chargés de fournir le corps, les mandats qui doivent servir à leur paiement : il se pénètrera bien, à cet égard, des dispositions de la circulaire du 14 Février 1815, et signalera au Ministre Secrétaire-d'état de la guerre tous les abus qu'il aura pu découvrir.

Art. 74. Le Lieutenant général Inspecteur, accompagné de l'Inspecteur aux revues divisionnaire, du Sous-inspecteur aux revues, des membres du Conseil d'administration et du Capitaine d'habillement, se transportera dans les magasins du corps, pour vérifier leur situation : il s'assurera si les étoffes et effets reçus par le Conseil d'administration sont conformes, pour les qualités, aux échantillons et modèles-types envoyés par le Ministre Secrétaire-d'état de la guerre, et quel est le nombre d'hommes habillés et équipés; dans le cas où ce nombre serait inférieur à la quantité d'étoffes et effets reçue, il vérifiera quelles sont les quantités qui restent disponibles, si on prend les mesures nécessaires pour leur conservation, et ordonnera de n'en disposer qu'en vertu des ordres du Ministre.

S'il existe des effets d'armement également en magasin, il les examinera avec attention, se fera rendre compte des motifs pour lesquels ils s'y trouvent, et prendra note de leur nombre et de l'état dans lequel ils seront.

Art. 75. Après cette opération, le Lieutenant général Inspecteur, accompagné des mêmes personnes, retournera au lieu des séances du Conseil d'administration, pour vérifier les registres d'habillement, d'équipement, de harnachement et d'armement.

Art. 76. Il s'assurera si les fonds mis à la disposition du régiment pour l'habillement, l'équipement et le harnachement, ont reçu la destination qui leur était assignée par le Ministre Secrétaire-d'état de la guerre (cette destination est indiquée dans les devis envoyés au corps); s'il en est de même de ceux accordés pour la remonte, dans les corps de cavalerie; si les fonds de première mise de petit équipement accordés pour les recrues et les anciens militaires admis au corps, ont été réellement versés à leur masse de linge et chaussure, inscrits en recette au livret de chacun de ces hommes, et employés pour acquitter le prix des effets qui leur ont été fournis : enfin il arrêtera ou modifiera le travail établi par le Conseil, soit pour les remplacemens, soit pour les premières mises.

L'état de situation de l'habillement et de l'équipement sera conforme au modèle n.° 26.

Art. 77. Le Lieutenant général Inspecteur vérifiera ensuite, d'après le livret d'armement et les pièces produites par le corps, l'exactitude des remises, depuis l'organisation ou le dernier arrêté, par l'inspection, sur le livret d'armement, des différentes recettes faites des magasins d'artillerie.

Il constatera l'exactitude des consommations de la manière suivante :

Celles qui ont eu lieu pour remises effectuées dans les magasins d'artillerie, par les récépissés des Gardes d'artillerie, visés par un Officier de cette arme.

Celles qui ont eu lieu par incorporation dans d'autres régimens, seront constatées par des états nominatifs, dressés pour faire connaître ces mutations, et vérifiés par le Sous-inspecteur aux revues.

Les pertes par désertion seront également constatées par des états dressés par le Conseil d'administration, et vérifiés par le Sous-inspecteur aux revues ; cependant les pertes de cette espèce qui auront lieu en garnison, seront à la charge des corps, s'ils ne justifient pas que les hommes désertés étaient en faction.

Dans le cas où le livret d'armement ne serait pas encore établi, le Lieutenant général Inspecteur prescrirait de le faire sans délai, en commençant par dresser le compte général de l'armement, depuis l'organisation du régiment jusqu'à l'époque de la revue : ce livret sera coté et paraphé par le Sous-inspecteur aux revues.

Toutes les demandes d'armes, faites par le corps, devront être conformes au modèle n.° 27.

Art. 78. Le Lieutenant général Inspecteur s'assurera si tous les registres de comptabilité ont été arrêtés provisoirement par le Sous-inspecteur aux revues à la fin de chaque trimestre, et définitivement pour l'année par l'Inspecteur divisionnaire ; et, dans ce cas seulement, il y ajoutera son approbation, au moyen de laquelle tous les résultats de l'administration et de la comptabilité de l'année expirée seront clos et terminés.

Les acquits et pièces justificatives des dépenses seront conservés au corps pendant deux années, à l'expiration desquelles ils seront brûlés.

Art. 79. Le Lieutenant général Inspecteur ayant été à portée, pendant le cours de sa revue, d'examiner avec le plus grand soin la tenue, l'armement, l'habillement, l'équipement et le harnachement, s'assurera de l'exactitude que les Officiers des compagnies auront mise à la conservation et à l'entretien des effets dans leurs compagnies respectives, des moyens qu'ils auront employés pour y parvenir, si tous ces effets sont marqués des numéros qu'ils doivent avoir, et si les registres de détails tenus par les Sergens-majors ou Maréchaux-des-logis chefs, sont en règle et au courant.

Art. 80. Le Lieutenant général Inspecteur fera ensuite assembler tous les Capitaines présens, pour procéder au choix de ceux qui devront faire partie du Conseil d'administration au 1.er Janvier suivant. Il se rappellera qu'aux termes de l'article 2 de l'ordonnance du 20 Janvier 1815, les Capitaines membres du Conseil et les Capitaines suppléans doivent être élus successivement et séparément, au scrutin et à la majorité absolue des suffrages, par tous les Capitaines, en sa présence ; qu'il doit soumettre ce choix à l'approbation du Ministre Secrétaire-d'état de la guerre, et que les Capitaines en fonctions sont rééligibles.

Le Sous-inspecteur aux revues dressera procès-verbal de cette élection : ce procès-verbal, signé par lui et approuvé par le Lieutenant général Inspecteur, sera conforme au modèle N.º 28.

TITRE XVII.

Visite de la boulangerie, des magasins, des hôpitaux et autres établissemens militaires.

Art. 81. Lorsque le Lieutenant général Inspecteur fera la visite des établissemens militaires, il se fera accompagner par le Commissaire ordonnateur ou ordinaire des guerres, et, s'il est besoin, par l'Officier du génie en résidence dans la place, afin que ces derniers puissent lui fournir sur-le-champ tous les renseignemens dont il aura besoin.

Cependant, si deux Lieutenans généraux Inspecteurs, l'un d'infanterie, l'autre de cavalerie, doivent passer des revues dans la même place, la visite des établissemens militaires sera faite par le Lieutenant général Inspecteur d'infanterie, à l'exception du magasin de fourrages, qui sera visité par le Lieutenant général Inspecteur de cavalerie.

Art. 82. En visitant la boulangerie, il s'assurera,

1.º Si les magasins et la manutention sont bien placés; s'ils ont une étendue suffisante; s'ils sont en bon état ou s'ils ont besoin de réparations; s'ils sont tenus avec le soin et la propreté convenables, et s'ils sont garnis de tous les effets et ustensiles nécessaires au service : dans le cas où ils ne seraient pas bien placés, le Lieutenant général Inspecteur indiquerait les bâtimens qu'il croirait les plus propres à ce genre de service;

2.º Si les approvisionnemens en grains et farines sont au complet fixé par le Ministre Secrétaire-d'état de la guerre; si les grains sont de bonne qualité et propres à faire un bon service; s'ils sont, ainsi que les ordonnances le prescrivent, mélangés dans la proportion de trois quarts de froment sur un quart de seigle; si les farines sont également de bonne qualité, et si elles sont blutées à quinze pour cent, ainsi que cela est ordonné;

3.º Si le pain est bien manutentionné et bien cuit; s'il a le poids prescrit, et si sa qualité n'occasionne pas ou n'a pas occasioné de plaintes; et, dans le cas où il y en aurait eu, quelles en ont été les causes, et quelles mesures ont été prises pour les faire cesser.

Art. 83. Dans certaines circonstances, il se fait des distributions extraordinaires de liquides. Le Lieutenant général Inspecteur s'informera s'il existe des magasins de ce genre dans la place, et, s'il y en a, il s'assurera que les liquides sont de bonne qualité, propres au service; et particulièrement que l'eau-de-vie est de vin, et qu'elle pèse, comme cela doit être, de dix-huit à dix-neuf degrés à l'aréomètre de *Cartier;* que le vinaigre est également de vin, et que le vin est naturel et ne contient aucune drogue étrangère.

Art. 84. Dans les places où il existera encore des approvisionnemens de siége, de précaution ou de réserve, le Lieutenant général Inspecteur examinera avec attention ces approvisionnemens, et il s'assurera,

1.º Si le Comité qui doit exister dans la place pour la surveillance des marchandises et denrées, est en activité, remplit exactement ses fonctions et tient les registres prescrits ;

2.º Si les approvisionnemens sont au complet, bien entretenus et placés dans les locaux propres à en assurer la conservation : dans le cas où ils ne seraient pas au complet, le Lieutenant général Inspecteur fera en sorte d'en découvrir les motifs ;

3.º Si, parmi les denrées dont se composent ces approvisionnemens, il en est quelques-unes qui ne soient plus susceptibles d'une longue conservation, et quel serait le meilleur parti à en tirer pour l'intérêt du Roi.

Art. 85. Dans le cas où il existerait dans la place un hôpital militaire ou un hospice civil où l'on recevrait les militaires malades, le Lieutenant général Inspecteur s'assurera de la bonne tenue de cet établissement.

Il examinera si les alimens sont de bonne qualité; s'ils sont délivrés dans les proportions prescrites par les ordonnances; si les rechanges de linge s'opèrent exactement, et si la propreté règne dans les salles : il recueillera les plaintes qui pourront être faites sur le service, et il s'assurera si elles sont fondées : enfin, il se fera rendre compte de l'exactitude, de l'intelligence et du zèle que les Officiers de santé et employés des hôpitaux apportent dans leurs fonctions.

Art. 86. Un objet essentiel, et qui devra fixer l'attention du Lieutenant général Inspecteur, sera de vérifier si les hommes qui sont dans les hôpitaux, n'y sont pas retenus mal-à-propos ; et dans le cas où cet abus existerait, il en rendrait compte au Ministre Secrétaire-d'état de la guerre.

Il prononcera sur le sort de ceux dont les régimens sont trop éloignés, et qui, étant reconnus impropres au service, ne pourraient être renvoyés qu'à grands frais à leur corps, pour y être examinés lors de la première revue d'Inspection : dans ce cas, il les fera placer en subsistance dans le corps de son inspection le plus voisin, et suivra, à leur égard, la marche indiquée pour les hommes de ce corps qui sont dans le même cas, sauf les modifications qui suivent.

Il est présumable que la plupart des militaires qui se trouvent dans cette position, seront dans l'impossibilité de présenter de suite la preuve de leurs services, de leurs grades, des campagnes où ils ont été blessés, ou enfin des autres causes qui peuvent donner lieu à leur réforme : l'intention du Roi n'en est cependant pas moins de leur faire accorder, sans retard, les récompenses auxquelles ils auront droit ; mais, en même temps, Sa Majesté veut que l'on évite les abus qui pourraient résulter de fausses déclarations. En conséquence, pour rendre la vérification des droits de chacun plus prompte et plus facile, le Lieutenant général Inspecteur y procédera de la manière suivante :

Les mémoires de proposition, soit pour la solde de retraite ou pour une indemnité une fois payée, soit pour l'admission à l'hôtel royal des Invalides, ou à la vétérance, seront préparés par le Conseil d'administration du corps où les militaires auront été provisoirement placés en subsistance à leur sortie des hôpitaux. Ces mémoires, quelle que soit la nature de la proposition, seront faites en double expédition ; la première sera adressée au Ministre Secrétaire-d'état de la guerre, et la seconde sera envoyée au corps où le militaire aura servi, si ce corps n'a pas été licencié.

Le Conseil d'administration se fera préalablement représenter tous les certificats, états de service et autres pièces dont les militaires seront porteurs, afin d'y puiser les renseignemens nécessaires pour la rédaction du mémoire, à la première expédition duquel ils resteront annexés.

Si le militaire n'est porteur d'aucun certificat, ou si ceux qu'il présentera ne contiennent pas l'universalité des détails nécessaires pour remplir tous les blancs du mémoire, on l'interrogera avec soin sur les détails non justifiés, et l'on distinguera sur les mémoires ce qui est justifié de ce qui ne l'est pas, par ces mots : *Suivant certificat ci-joint.*

On aura pareillement soin d'indiquer, pour les Sous-officiers et soldats, le numéro de leur inscription au registre-matricule du régiment où ils servaient précédemment. Cette indication, que l'on prendra, soit sur les livrets, soit sur toute autre pièce dont l'homme serait porteur, mais toujours d'une manière aussi exacte que possible, sera mise en tête du mémoire, après les noms des père et mère.

Lorsque le mémoire sera appuyé de certificats, l'attestation qui termine le *recto* du mémoire, sera rédigée de la manière suivante :

« Nous, membres du Conseil d'administration du ré-
« giment d   où le dénommé au présent est
« en subsistance, certifions l'exposé ci-dessus sincère
« et véritable, tant d'après les pièces qui nous ont été
« remises et qui seront jointes à l'expédition du pré-
« sent mémoire, destinée au Ministre Secrétaire-d'état
« de la guerre, que d'après les déclarations qui nous
« ont été faites subsidiairement par ce militaire.

        « A   le   . »

La première expédition du mémoire sera transmise au Ministre, avec les certificats dont le militaire était porteur ; l'indication des pièces sera faite en tête du mémoire, à la note qui le rappelle : l'envoi sera accompagné d'un état nominatif, séparé, pour chaque régiment et pour chaque genre de récompense.

La seconde expédition du mémoire sera envoyée en même temps, par le Lieutenant général Inspecteur, au Conseil d'administration du régiment où le militaire servait lorsqu'il a acquis ses droits à une récompense. En informant ce Conseil de la proposition faite, le Lieutenant général Inspecteur lui prescrira de vérifier les détails indiqués sur la simple déclaration du militaire, et de faire parvenir, dans le plus court délai, au Ministre, un nouveau mémoire, où ces mêmes détails auront été certifiés, ou rectifiés, s'il y a lieu, d'après les registres ou renseignemens existant au corps. Dans le cas où ce corps n'existerait plus, le Lieutenant général Inspecteur se bornera à envoyer au Ministre la première expédition du mémoire, avec les pièces à l'appui, en

annonçant sur cette expédition les motifs qui ont em-
pêché l'envoi de la seconde.

Les militaires désignés pour la solde de retraite, ou
pour une gratification une fois payée, ainsi que ceux
réformés simplement, seront mis en route immédiatement, pour se rendre dans le lieu qu'ils auront choisi
pour leur domicile : les premiers, avec une autorisation signée par le Lieutenant général Inspecteur, dans
laquelle il indiquera que leurs lettres de pension leur
parviendront par la voie du Commissaire des guerres
de leur département, à qui ils devront se faire connaître, à la fin du premier trimestre échu de leur solde
de retraite, et, au plus tard, dans le délai de six mois
à compter de leur arrivée au lieu de leur domicile,
pour ne point encourir leur radiation des contrôles des
militaires pensionnés ; les seconds, avec leur congé de
réforme, en marge duquel le Lieutenant général Inspecteur aura fait mettre la note suivante :

« Le porteur du présent congé, ayant été désigné
« à Son Excellence le Ministre Secrétaire-d'état de la
« guerre, comme susceptible d'obtenir une récompense
« une fois payée, se présentera, à son arrivée, au Maire
« de sa commune, qui demandera pour lui le paiement
« de cette récompense, en faisant parvenir à Son Ex-
« cellence, par la voie du Préfet du département, la
« copie de ce congé, au bas de laquelle il aura cer-
« tifié la présence de ce militaire au lieu de son do-
« micile, et indiqué le bureau de poste par lequel
« l'argent devra être envoyé. »

Ces derniers seront porteurs de leurs congés de
réforme.

Le Lieutenant général Inspecteur apportera le plus
grand soin à ce qu'il ne se commette pas d'erreurs dans
les indications qui seront données, afin d'éviter au
Ministre des questions d'identité de nom, et d'autres
difficultés, dont la solution entraînerait des retards et
compromettrait l'existence des militaires.

Art. 87. Dans les places où des régimens de troupes
à cheval tiennent garnison, et où par conséquent il
existe des magasins de fourrages, le Lieutenant général
Inspecteur s'assurera,

1.º Si les foins, pailles et avoines distribués à la troupe, ou qui existent dans les magasins, sont de qualité bonne, loyale et marchande dans le pays;

2.º Si l'approvisionnement en magasin est au complet pour un mois au moins;

3.º Si les distributions se font régulièrement en chaque espèce de denrées, et si l'on ne se permet pas de substituer une denrée à une autre, sans l'autorisation spéciale du Ministre Secrétaire-d'état de la guerre;

4.º S'il n'a pas été porté de plaintes sur le poids des bottes et le mesurage des avoines lors des distributions;

5.º Dans quel état se trouvent les bâtimens affectés au service; s'ils sont sains, bien couverts et de capacité suffisante pour contenir l'approvisionnement exigé.

Le Lieutenant général Inspecteur devra surtout bien se rappeler, que les conditions imposées à l'entrepreneur l'obligent à fournir de bonnes denrées, à les livrer au poids et à la mesure déterminés par les ordonnances, en sorte que les chevaux soient constamment bien nourris et entretenus : ainsi, toutes les fois qu'ils se trouveront dans un état général d'amaigrissement, c'est un indice presque certain, si d'ailleurs ils sont bien soignés, qu'il existe des abus, soit dans la qualité, soit dans la quantité des rations reçues, à moins que d'autres indications ne portent à croire que ces abus se commettent dans l'administration intérieure du régiment. Dans l'un et l'autre cas, le Lieutenant général Inspecteur emploiera tous les moyens qui seront en son pouvoir pour découvrir la source du mal, et il en rendra compte au Ministre Secrétaire-d'état de la guerre, ou donnera, s'il y a lieu, des ordres directs pour qu'il y soit porté remède.

TITRE XVIII.

Clôture des deux revues de l'année.

Art. 88. Lorsque le Lieutenant général Inspecteur aura terminé toutes les opérations qui ont été indiquées, il fera assembler le régiment sur le terrain, pour en passer la revue d'honneur.

Dans cette revue, le régiment sera en bataille et en grande tenue : chacun sera placé dans l'ordre de bataille, d'après le rang qui lui aura été assigné pour le tiercement.

Le Lieutenant général inspecteur fera opérer, en sa présence, quelques grandes manœuvres, afin de pouvoir fixer définitivement ses idées sur le degré d'instruction pratique, d'ensemble et d'immobilité, des Officiers, Sous-officiers et soldats.

Avant de faire défiler le régiment devant lui, il fera prêter serment aux Officiers et aux hommes de recrue qui auront été admis depuis la dernière revue du Sous-inspecteur aux revues : il ordonnera, à cet effet, au Commandant du corps, de faire rompre par compagnie ou escadron.

Les Officiers, Sous-officiers et soldats admis à prêter le serment, seront placés en face du centre, et à cinquante pas en avant du régiment : les drapeaux, étendards ou guidons, et leur escorte se placeront en avant, au centre, et faisant face à ces militaires.

Les tambours ou trompettes ouvriront un ban.

Le serment devant être prêté individuellement, le Colonel fera les commandemens nécessaires pour que chacun de ceux qui doivent le prêter, conserve la main droite libre.

Ce serment sera ainsi conçu :

« Je jure et promets de bien et fidèlement servir le
« Roi, d'obéir, dans toutes les occasions, aux Chefs
« qui me seront donnés par Sa Majesté, et de ne
« jamais abandonner mes drapeaux. »

Il sera lu, à haute et intelligible voix, par le Sous-inspecteur aux revues, d'abord aux Officiers, ensuite aux Sous-officiers et soldats.

Les Officiers, Sous-officiers et soldats répéteront, l'un après l'autre, et chacun suivant son rang, en levant la main, ces mots : *Je le jure.*

Après le serment, le Lieutenant général Inspecteur fera fermer le ban, et les Officiers, Sous-officiers et soldats qui auront prêté le serment, ainsi que les drapeaux, étendards ou guidons, retourneront à leur place de bataille.

Il sera dressé, suivant la forme prescrite en pareil cas, un procès-verbal de cette prestation de serment, par le Sous-inspecteur aux revues, présent à la revue.

Après cette revue, le Lieutenant général Inspecteur fera défiler le régiment devant lui, pour rentrer dans ses quartiers.

Art. 89. Le Lieutenant général Inspecteur ayant été à portée, dans les différentes opérations de sa revue, d'examiner le corps dans tous ses détails, aura pu fixer son opinion sur le personnel et sur le matériel. Il laissera en conséquence des ordres au corps sur les différentes parties du service. Afin que ces ordres soient plus faciles à concevoir et à exécuter, il tracera, d'une part, les devoirs du Colonel et des autres Officiers supérieurs, et, de l'autre, ceux du Conseil d'administration, et fera un article séparé pour chaque objet, en indiquant son opinion et la marche à suivre pour parvenir aux meilleurs résultats possibles : ainsi, dans les devoirs à remplir par le Colonel et par les Officiers supérieurs, seront comprises l'instruction théorique, l'instruction pratique, les manœuvres, l'équitation, la police et discipline intérieure, et la tenue ; dans ceux à remplir par le Conseil d'administration, seront compris tous les détails relatifs à la tenue de la comptabilité, aux confections et réparations, enfin à chacune des branches de l'administration.

On ne fait qu'indiquer ici les principaux objets dont chacun devra s'occuper ; mais le Lieutenant général Inspecteur peut, sur cet aperçu, juger combien ce mode simplifiera les ordres qu'il croira devoir donner, et combien la division des matières en rendra l'entente plus facile : en suivant cette méthode, il insérera dans ses ordres toutes les observations que l'examen des hommes et des choses l'aura mis dans le cas de faire ; et il pourra ainsi ramener chacun à la connaissance exacte et à l'exécution, en ce qui le concerne, des ordonnances du Roi.

Art. 90. Le Lieutenant général Inspecteur, ayant fait interroger en sa présence les Officiers sur leurs connaissances en théorie, et ayant été dans le cas de juger de l'application de la théorie à la pratique, dans le cours de ses opérations, pourra, avec les renseignemens qu'il aura dû se procurer sur leur conduite et leurs principes dans la garnison qu'ils occupent, se former une opinion exacte à leur égard, et remplir la case à ce destinée sur l'état qui les concerne et qui lui aura été remis à l'avance par le Chef du corps. Les notes qu'il donnera sur leur compte, devront être concises, mais cependant assez claires pour donner une idée juste de chacun. Il ne perdra pas de vue que, le Ministre Secrétaire-d'état de la guerre ne pouvant connaître par lui-même tous les Officiers, ce n'est que sur les notes fournies par les Lieutenans généraux Inspecteurs qu'il peut fixer son opinion sur chacun; qu'ainsi ces notes doivent être faites avec la plus grande impartialité, afin de ne pas se méprendre lorsqu'il s'agira de faire des propositions d'avancement ou de récompenses.

Il devra également donner ses notes sur les Officiers de santé.

L'état concernant les Officiers sera conforme au modèle joint au livret de revue; il en sera dressé un particulier pour les Officiers de santé.

Art. 91. Le Lieutenant général Inspecteur exprimera, dans le résumé de sa revue, son opinion sur l'état dans lequel il aura trouvé les différentes parties du service. Ses notes, à cet égard, présenteront l'état des choses avec clarté et en peu de mots, à moins que des circonstances particulières ne le mettent dans le cas d'entrer dans de plus grands détails.

Le résumé sera conforme au modèle annexé au livret.

Art. 92. Lorsque le Lieutenant général Inspecteur aura terminé sa revue, il annexera au livret qui en présentera les résultats, tous les états, pièces et extraits qui devront y être joints et qui seront indiqués ci-après, et il les enverra de suite, et séparément, au Ministre Secrétaire-d'état de la guerre.

Observations particulières relatives aux Régimens suisses, à la Légion de Hohenlohe et aux Bataillons coloniaux.

Régimens suisses.

Art. 93. Toutes les dispositions contenues dans la présente instruction sont applicables aux régimens suisses, sauf les exceptions ci-après.

Le Lieutenant général Inspecteur chargé de passer la revue d'un ou de plusieurs de ces régimens, examinera attentivement les dispositions des capitulations en vertu desquelles ils sont organisés; il comparera ces capitulations avec les ordonnances de formation des régimens d'infanterie de ligne français, et, dans tout ce qui en différera, il vérifiera si l'on se conforme exactement aux articles desdites capitulations et à l'ordonnance du Roi du 18 Juillet 1816. Il fixera particulièrement son attention sur la masse de recrutement, et il s'assurera si les fonds reçus pour les engagemens et rengagemens ont été fidèlement employés au recrutement du corps ; si l'on a eu soin de fournir à l'homme de recrue, au moyen de la somme réservée à cet effet, un sac garni de tous les objets de petit équipement, tels qu'ils sont prescrits par l'ordonnance du 8 Novembre 1815 ; si les Capitaines ont fait tout ce qu'ils ont dû pour porter et maintenir leurs compagnies au complet dans les délais prescrits; si le Conseil d'administration gérant leur en a facilité les moyens en ce qui dépendait de lui; enfin, si les soldats sont traités convenablement, et si l'on s'attache à leur faire aimer le service du Roi.

La comptabilité du recrutement devant se vérifier définitivement au Ministère de la guerre, le Lieutenant général Inspecteur se fera représenter les arrêtés de compte qui auront eu lieu, et se fera donner, par l'Inspecteur ou Sous-inspecteur aux revues, présent, les renseignemens dont il aura besoin pour s'assurer si le régiment n'est pas en retard de présenter ses

comptes; et, dans ce cas, il donnera les ordres nécessaires pour que ce travail se fasse régulièrement et
aux époques déterminées par les capitulations et ordonnances.

Régimens étrangers.

Art. 94. La légion de Hohenlohe est composée de
trois bataillons, de trois compagnies de dépôt, et du
même nombre d'Officiers et Sous-officiers que celles
d'infanterie française : mais le complet de chaque compagnie est plus fort en soldats; les hommes qu'on y
admet sont tous étrangers et ne reçoivent pas de prix
d'engagement. Quelques Sous-officiers français ont été
autorisés à s'y enrôler, à cause des détails de la comptabilité : du reste, le service, la discipline et la comptabilité, doivent y être établis comme dans les régimens français. Le Lieutenant général Inspecteur qui
la passera en revue, se fera représenter l'ordonnance
de création du 6 Septembre 1815, ainsi que les différentes décisions qui ont été prises depuis et qui ont
rapport à sa composition, et il en agira au surplus,
envers cette légion, comme pour les autres corps d'infanterie qui sont compris dans son inspection.

Bataillons coloniaux.

Art. 95. Les Lieutenans généraux Inspecteurs, chargés de passer les revues de ces bataillons, suivront,
en tout ce qui pourra les concerner, les dispositions
de cette instruction.

Comme ces bataillons sont généralement composés
d'hommes qui ont donné lieu à des plaintes contre
eux, et à qui il faut cependant laisser l'espoir d'obtenir, par une conduite plus régulière, leur rappel
dans les corps de l'armée, le Lieutenant général Inspecteur se fera rendre compte de ceux qui, depuis
deux ans, ont donné de la satisfaction à leurs Chefs.
Il s'enquerra des motifs qui les ont fait admettre dans
ces bataillons, et, s'ils lui paraissaient susceptibles de

passer dans la ligne, il en fera dresser un état particulier, qui sera conforme au modèle ci-joint, N.° 29;
il transmettra cet état au Ministre Secrétaire-d'état de
la guerre, qui, s'il y a lieu, donnera des ordres pour
la translation de ces militaires dans un des corps de
l'arme où ils seront reconnus susceptibles de servir.

Fait à Paris, le seize Septembre 1816.

Signé LOUIS.

Et plus bas :

Le Maréchal Duc DE FELTRE.

Pour ampliation :

Le Secrétaire général,

DES ACRES FLEURANGE.

INDICATION

Des Lois, Ordonnances et principaux Réglemens dont la connaissance est nécessaire aux Officiers.

POUR L'INFANTERIE.

RÉGLEMENT du 1.er Août 1791, relatif aux exercices et manœuvres.

Réglement du 5 Avril 1792, sur le service de l'infanterie en campagne.

Extrait du Réglement provisoire sur le même objet, avec le Supplément publié en 1810 à l'armée d'Allemagne.

Ordonnance du 3 Mars 1815, sur l'organisation de l'infanterie.

Réglement provisoire sur le service intérieur de l'infanterie, dont l'essai a été autorisé par le Ministre Secrétaire-d'état de la guerre.

POUR LES TROUPES A CHEVAL.

Ordonnance du 20 Mai 1788, sur les exercices et manœuvres.

Réglement du 23 Septembre 1804 (1.er Vendémiaire an 13), sur le même objet.

Réglement du 24 Septembre 1811, sur l'exercice et les manœuvres de la lance (pour les Officiers de lanciers seulement).

Réglement du 12 Août 1788, sur le service des troupes à cheval en campagne.

Ordonnance du 30 Août 1815, sur l'organisation de la cavalerie.

Réglement provisoire sur le service intérieur des troupes à cheval, dont l'essai a été autorisé par le Ministre Secrétaire-d'état de la guerre.

Circulaires des 30 Décembre 1814 et 19 Mars 1816, sur l'envoi des Officiers et Sous-officiers à l'école d'instruction de Saumur.

POUR TOUTES LES ARMES.

Ordonnance du 1.er Mars 1768; Loi du 10 Juillet 1791; Décret du 24 Décembre 1811, sur le service des places.

Ordonnance du 21 Février 1816, sur le classement des Officiers.

Ordonnance du 30 Décembre 1814; Instruction du 28 Novembre 1815; Circulaire du 24 Avril 1816, sur les enrôlemens.

Instruction du 1.er Février 1816; Circulaire du 22 Mai suivant; Ordonnance du 14 Août 1816, et Circulaire du 28 du même mois, sur les remplacemens.

Circulaire du 26 Janvier 1816; Ordonnance du 21 Février sui-
vant; Circulaire du 16 Mars même année, sur la désertion.

Ordonnance et Instruction du 21 Août, sur les semestres.

Ordonnance du 5 Juillet 1814, sur l'admission dans la gendarmerie.

Lois des 14 Septembre 1799 (28 Fructidor an 7), et 28 Avril
1803 (8 Floréal an 11); Arrêté du 10 Décembre 1800 (19 Fri-
maire an 9); Circulaire du 16 Septembre 1800 (25 Frimaire an 9);
Ordonnances des 27 Août 1814, 17 Février 1815 et 5 Juin
1816, sur l'admission à la solde de retraite.

Arrêté du 25 Mars 1800 (4 Germinal an 8), sur l'admission
dans les corps de vétérans.

Ordonnance du 26 Mars 1816, sur l'admission dans la Légion
d'honneur.

Ordonnance du 20 Janvier 1815, sur la composition des con-
seils d'administration.

Loi du 23 Mai 1792; Arrêté du 17 Août 1794 (30 Thermidor
an 2) sur le logement et le casernement des troupes.

Réglement du 19 Août 1800 (1.er Fructidor an 8); Arrêté du
27 Avril 1803 (7 Floréal an 11), sur le chauffage.

Réglement du 12 Septembre 1800 (25 Fructidor an 8) sur les
troupes en marche.

Arrêté du 1.er Décembre 1803 (9 Frimaire an 12), sur les
Officiers de santé.

Arrêté du 12 Août 1800 (24 Thermidor an 8), sur le service
des hôpitaux militaires.

Instruction du 19 Avril 1811, sur les eaux minérales, à l'usage
des troupes.

Instruction du 15 Novembre 1809, sur l'application du Code
civil aux militaires.

Ordonnance du 23 Septembre 1815, sur l'uniforme des troupes;
la Notice du 5 Décembre même année, sur celui des Officiers;
Ordonnance du 8 Novembre 1815, sur les effets de petit équipement.

Arrêté du 28 Avril 1800 (8 Floréal an 8), contenant régle-
ment sur l'administration et la comptabilité des corps.

Décret du 15 Avril 1805 (25 Germinal an 13), sur les revues
et la comptabilité des dépenses justifiées.

Réglement du 10 Février 1806, portant instruction sur la comp-
tabilité de la masse générale.

Instruction du Directeur général des revues, du 24 Septembre
1808, sur le mode de vérification de la comptabilité des corps.

Instruction du même, du 28 Décembre 1811.

NOTE INDICATIVE des États et Pièces qui, aussitôt après la clôture de la Revue définitive d'inspection de chaque corps, doivent être adressés par l'Inspecteur général au Ministre Secrétaire-d'état de la guerre.

INFANTERIE.

Le Livret général de la revue, comprenant la situation du corps, le résumé des opérations de l'Inspecteur général, les ordres laissés au corps, et les états numérotés de 1 à 29.

Plus, ·

Des États séparés du résumé ; savoir :

Pour l'article Finances, *une expédition.*

Pour l'habillement, grand et petit équipement, *une expédition.*

Pour l'armement, *une expédition.*

Pour les casernes, magasins du corps, hôpitaux, prisons et salle de discipline (quant aux bâtimens), *une expédition.*

Idem (quant aux fournitures), *une expédition.*

Pour les hôpitaux (en entier), *une expédition.*

Pour les prisons et salle de police (quant aux fournitures), *une expédition.*

Pour la manutention des vivres et magasins de la place (s'il y en a), *une expédition.*

Pour les magasins de fourrages de la place (s'il y en a), *une expédition.*

Pour le Personnel des employés, *une expédition.*

États séparés à fournir indépendamment de ceux qui sont annexés au Livret.

N.º 5. État des hommes proposés pour les bataillons coloniaux ; *une expédition.*

N.º 7. — des hommes proposés pour un autre corps ou pour une autre arme ; *une expédition.*

N.º 8. — des militaires jouissant de la haute-paie pour ancienneté de service ; *une expédition.*

N.º 11. — des militaires proposés pour l'hôtel royal des invalides ; *une expédition avec les pièces à l'appui.*

N.º 12. État des militaires proposés pour la solde de retraite ; *une expédition.*

N.º 13. — des militaires proposés pour les compagnies de vétérans ; *une expédition.*

N.º 14. — des militaires proposés pour une gratification une fois payée ; *une expédition.*

N.º 18. — des militaires jugés susceptibles d'être admis dans la gendarmerie ; *une expédition.*

N.º 19. — des militaires demandant à passer dans la Garde royale ; *une expédition.*

N.º 20. — des Officiers susceptibles d'être admis dans l'ordre royal de la Légion d'honneur, ou d'obtenir de l'avancement dans cet ordre ; *deux expéditions, dont une avec les pièces à l'appui.*

N.º 21. — des Sous-officiers et soldats jugés susceptibles d'être admis dans la Légion d'honneur ; *une expédition avec les pièces à l'appui.*

N.º 23. — nominatif des enfans de troupe admis à la demi-solde ; *une expédition.*

N.º 24. — des hommes susceptibles d'être congédiés, comme étant les indispensables soutiens de leur famille ; *une expédition, avec les pièces à l'appui.*

N.º 26. — présentant la situation de l'habillement, *une expédit.*

N.º 27. — présentant la situation de l'armement, *une expédition.*

N.º 28. Procès-verbal d'élection des Capitaines membres du Conseil d'administration ; *une expédition.*

État nominatif des Officiers du corps ; *deux expéditions.*

— nominatif des Officiers de santé ; *deux expéditions.*

CAVALERIE.

Le Livret général de la revue, comprenant la situation du corps, le résumé des opérations de l'Inspecteur général, les ordres laissés au corps, et les états numérotés de 1 à 29.

Plus ,

Des États séparés du résumé ; savoir :

Pour l'article Finances, *une expédition.*

Pour l'habillement, grand et petit équipement, et effets en magasin, *une expédition.*

Pour le harnachement et effets de cette nature en magasin, *une expédition.*

Pour l'armement, *une expédition.*

Pour les casernes, magasins du corps, hôpitaux, écuries, prisons et salle de discipline (quant aux bâtimens), *une expédition.*

Idem (quant aux fournitures), *une expédition.*

Pour la manutention des vivres et magasins de la place (s'il y en a), *une expédition.*

Pour les fourrages (en entier), *une expédition.*

Pour les écuries, *une expédition.*

Pour les remontes et fourrages (en entier), *une expédition.*

Pour les magasins de fourrages de la place (en entier), *une expédition.*

Pour le personnel des employés, *une expédition.*

États séparés à fournir indépendamment de ceux qui sont annexés au Livret.

N.° 5. État des hommes proposés pour les bataillons coloniaux; *une expédition.*

N.° 6. — des chevaux proposés pour la réforme; *une expédition.*

N.° 7. — des hommes proposés pour un autre corps ou pour une autre arme; *une expédition.*

N.° 8. — des militaires jouissant de la haute-paie pour ancienneté de service; *une expédition.*

N.° 11. — des militaires proposés pour l'hôtel royal des invalides; *une expédition, avec les pièces à l'appui.*

N.° 12. — des militaires proposés pour la solde de retraite; *une expédition.*

N.° 13. — des militaires proposés pour les compagnies de vétérans; *une expédition.*

N.° 14. — des militaires proposés pour une gratification une fois payée; *une expédition.*

N.° 16. — des Officiers et Sous-officiers proposés pour l'école d'instruction de Saumur; *deux expéditions, dont une avec les pièces à l'appui.*

N.° 18. — nominatif des militaires susceptibles d'être admis dans la gendarmerie royale; *une expédition.*

N.° 19. — des militaires demandant à passer dans la Garde royale; *une expédition.*

N.° 20. — des Officiers susceptibles d'être admis dans l'ordre royal de la Légion d'honneur, ou d'obtenir de l'avancement dans cet ordre; *deux expéditions, dont une avec les pièces à l'appui.*

N.º 21. État des Sous-officiers et soldats susceptibles d'être admis dans la Légion d'honneur ; *une expédition, avec les pièces à l'appui.*

N.º 23. — nominatif des enfans de troupe admis à la demi-solde ; *une expédition.*

N.º 24. — des hommes susceptibles d'être congédiés, comme étant les indispensables soutiens de leur famille ; *une expédition, avec les pièces à l'appui.*

N.º 25. — présentant la situation des effets de harnachement ; *une expédition.*

N.º 26. — présentant la situation de l'habillement ; *une expédition.*

N.º 27. — présentant la situation de l'armement ; *une expédition.*

N.º 28. Procès-verbal d'élection des Capitaines membres du Conseil d'administration ; *une expédition.*

État nominatif des Officiers du corps ; *deux expéditions.*

— nominatif des Officiers de santé ; *deux expéditions.*

———

TABLE DES MATIÈRES.

TITRE Ier

Dispositions générales.

TITRE II.

Dispositions préliminaires à la Revue préparatoire.

TITRE III.

Opérations dont se compose la Revue préparatoire.

TITRE IV.

Vérification de l'exécution des ordres donnés à la revue précédente.

TITRE VIII.

Clôture de la Revue préparatoire.

TITRE IX.

Dispositions préparatoires à la Revue définitive.

TITRE X.

Revue définitive.

TITRE XVIII.

Revue d'honneur ; clôture des deux revues de l'année.